採訪撰稿 老爺爺與小老婆

三重心食代

史上最強！新北美食指南No.1

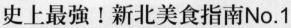

食遊體驗新三重

Hi!來吃我呀！

企劃統籌 花上雅

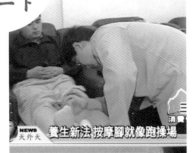

人文薈萃的三重，期待你來認識！

三重區長　劉來通

　　三重距離臺北市只有一水之隔，地處臺北盆地主要腹地的中心位置，自 1960 年代以來，三重一直是外地人前往台北地區就業發展的跳板，吸引各地青壯年前來工作並定居，也因此將全台各地方的特色「家鄉味」聚集於此，美味的地方小吃、多樣的文化風情群聚三重。

　　近年來，店二代、三代的接任，地方美食融入現代新的元素，飲食經濟快速在三重發展……我們的美食力驚人，也深具特色。

　　感謝《我們三重人》版主花上雅的努力與付出，從分享三重美食開始，到連結在地生活圈，讓三重的美好被看見！透過這本書，邀請大家來三重吃吃喝喝逛逛，認識了解三重。一起翻轉早先大家對於三重「惡勢力」的認知，重新認識三重新的「餓勢力」。

　　三重也是人文薈萃之地，享譽書壇的書法家曹容大師和三重有很深的淵源，他的學生連勝彥與林彥助兩位名家目前亦居住三重！三重還擁有全臺唯一手工製墨「大有製墨」的陳嘉德，故宮毛筆顧問「文山社」的陳耀文，陶瓷雕塑藝術家李國欽，其作品亦於三重藝術公園、綜合體育場及三級古蹟先嗇宮皆可一睹風采。另外三級古蹟先嗇宮精美的裝飾藝術，具有相當的可看性，其建築「對場作」的特色及四大幅的花磚牆乃被視為本土的標準鄉土教材之一。

　　現今三重地區擁有近 39 萬人口，有九座聯外橋樑，有寬廣的大臺北都會公園，三條捷運線通過，四通八達具有高度的交通便利性。自改制為新北市後，城市發展逐漸凝聚深固，至今三重地區已是位於淡水河左岸的宜居都市之一。

　　期待大家來三重作客，「好吃、好玩、好方便」感受三重的熱情與活力，三重真的好有趣。

促進三重發展，
創造改變、夢想成真

新北市三重紳士協會理事長　鄭永昌

　　經由榮洲的引薦下，結識了在地的三重人網路平台；也經由《我們三重人》社群平台總編花上雅的介紹更深入了解及讚賞即將出書詳盡介紹三重在地文化、飲食、特色，還有致力推廣三重店家訊息、異業結盟，共創雙贏！

　　亦結合「新北市三重紳士協會」與《我們三重人》互為宣導彼此的理念、提供平台讓更多人知道及了解『三重』，進而促進三重區的發展、帶動繁榮！再一次肯定願意付出並實踐的花上雅，唯有堅持與努力才能使夢想成真！

　　也真心推薦給新北市三重紳士協會的家人們，大家共同努力推廣在地文化。值得在地人及所有朋友閱讀的一本好書！

看見家鄉轉變，
期待三重更好

新北市議員　王威元

　　自古文化都是從河流旁開始發展，然而從北部重要河流—淡水河兩岸發展，鄰近的三重發展甚早，在五零、六零年代因為經濟發展，慢慢的從農業邁向工商業，中南部的年輕人，也就是我們的父執輩那一代，懷抱著希望與夢想來到了台北。

　　在大台北地區，具備九座橋的三重擁有的交通便利的優勢，四通八達的交通，許多的到北部打拼的鄉親，上一輩從異鄉嫁過來的新住民，三重成為第一首選，夢想的基地。包容度很高的三重，也一起融入了各式各樣的特色，形成三重特有的文化，漸漸的落地生根的每一個人不分你我都是「三重人」。

　　形容三重市美食之都一點也不為過，從台灣各處及新住民移居到三重的同時，也將回憶一併帶來，無論是阿嬤的古早味、或是媽媽的家常菜，許多的家鄉味也帶來到三重，美食是藏不住的，當地美食來到三重，許多人慕名而來，一傳十，十傳百，成為排隊名店。

　　然而，交通的優勢隨著時間過去，沒有任何消失，公車與捷運等大眾交通工具，擁有許多捷運站的三重，讓生活很方便，當地政府也重視三重人的生活品質，改善了許多生活環境，建設了堤外的遊憩場所，從小就在三重長大的威元，熱愛這片土地，也不斷的看著城市進步，卻有一些小小遺憾，慢慢老舊的房舍與狹小的道路、不夠的多的停車位，可能成為治安與消防的隱憂，威元希望能帶著民眾的力量，讓三重變成更好的三重，讓每個人都能自豪的說出：「我是三重人」。

三重心食代：一本帶著走的捷運美食寶典

旅遊作家　帆帆貓

　　由於平常很少有機會在三重走跳，要說出對三重有印象的地方，

　　大概只有三和夜市跟天台戲院，當然也完全無法將三重與美食之都畫上等號，直到看見《三重心食代》這本書，才徹底顛覆我對三重的既定印象。

　　書中介紹了 50 家不同類型的美食，包含小吃、餐廳、甜點，還非常貼心的用三重沿線捷運站做劃分，不管約在哪一站，總有符合心中期待的美食，在向你招手，書中地圖簡潔清晰，菜色拍得相當可口，不用再煩惱下一餐要吃什麼，是一本可以隨身帶著走的捷運美食寶典喔！

　　現在，就跟著《三重心食代》，坐上三重線捷運，一起展開一趟美食之旅吧！

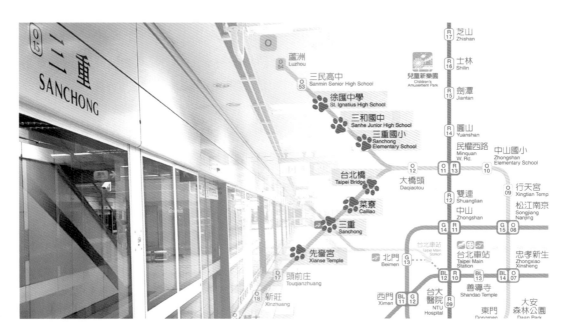

吃在三重，放眼全台
「食」在很可以

本書採訪編輯　老爺爺與小老婆

　　台灣被世人譽為美食島，把亞洲各國所有玉饌胃納其中，拆解消化、加油添薪，創造出宇宙間僅有一處、百鳥齊鳴的珍饈聚寶盆。金庸武俠《天龍八部》中有位少林神僧，在藏經閣讀經四、五十年，博採眾長、匯聚天下武學，撫袖中奧妙若空而實；神僧化去鳩摩智的無相劫指，散得無形無蹤；滅形蕭峰十成力的降龍十八掌「見龍在田」，生滅虛妄、境界解脱……抱歉，扯遠了。我是説，在歷史、地理、公民、英文、健康教育……抱歉，又扯遠了；台灣在各種機緣之下，已練就美食界的絕世武功，孤獨東方，為求一敗。

　　老爺爺與小老婆為吃遍台灣美食，已經環島二次，從米其林一星吃到米血糕一斤，從幾千人同時開吃的宴會廳，吃到店面只有兩張桌子麵攤。每每品嘗匯聚中國八大菜系、各國創意風味的料理，除了嘴角不爭氣的口水，腦中還有檔不住的食欲「萬一以後吃不到怎麼辦呀？」雖然台灣早已是一日生活圈，從任何一個熟悉的台北巷口出發，總能在半天內抵達最陌生的台東街尾。

　　「目標是遠大的，而手腳是軟弱的」，思想是一回事，再瘋癲也不可能下班衝去台東狂吃，早上衝回來上班。但在神奇的二〇一八年，一件可歌可泣的事發生了（除了韓國瑜覆地翻天之外），老爺爺與小老婆收到了一項堪比食尚玩家的挑戰，在「我們三重人」版主花上雅的邀約下，計畫在三個月內吃遍三重美食並選粹五十間到本書之中，相信這件任務將為二〇一八年青史更添一筆。

　　只要往三重跑，吃到全省美食非奢望！要去繁華的台北東區？還是要去人馬雜沓的西區？搭高鐵去美食匯聚的台南？都不用，真相是「吃在三重 hen 可以」。三重大小食點，都包含著濃濃的鄉情，以祖先篳路藍縷在台北討生活做開端，把一切都濃縮在每勺子的鹽、每匙的醬油中。

追溯自明清，而民國未止，台灣四處有理想有抱負的青年，來到三重一圓人生黃金夢，他們帶來了家鄉美食，溫飽自己的胃也溫飽同鄉的情怯。

　　在老爺爺與小老婆「唧唧復唧唧」孜孜不倦、無分日夜的拍攝與寫稿之中，數萬張的照片，挑選最精彩的六百餘張；數十萬字的訪問稿，濃縮近九萬字的內容，希望能把三重的庶民生活，以「吃」呈現出來。

　　料理界何其有幸，世界美食竟在新北三重區，重現台灣在這個世代如何成為美食之都的縮影。而老爺爺與小老婆又何其有幸躬逢其盛？花了一百八十天努力的耕耘，損失了六個月的生命，仍無法臻於完美，只好野人獻曝，敬請收看，並預祝謝謝觀賞，看完請點追蹤，萌萌噠！

鑑古盼今，
翻轉三重印象

致親愛的讀者們：

　　我是《我們三重人》社群的總編花上雅，從小就住在三重的我，對於三重的人事物景有著深刻的印象。

　　小學唸「二重國小」（三重最老的國小，百年老校，設立在光緒二十八年，西元一九零二年，今年 116 歲），印象中學校的對面一片菜園及空地，路上有很多樹、田地，牆邊有牽牛花，還有一種紅紅的花，中間的蕊有花蜜，很甜，大家會隨身摘來吸，路邊也有一大片的野芒草。

　　有天因為要交作業，和三個同學約去捉蝌蚪，記得那天我們走到好遠好遠的一個地方，有很多菜園，還有一個大池塘，池上還看得到青蛙，但是大家不敢捉。那一幕印象留在我的腦海 30 多個年頭。現在想想，那裏應該就是現在的菜寮。

　　學校附近有桑樹，小學的課程會有養蠶，校門口有人在賣桑葉，後來發現路邊可以摘，就沒有買了。記得還有賣寄居蟹的大叔，用臉盆裝著，大家下課時都會圍著看，印象中我還有用零用錢買了二隻回家養，但不知要餵什麼，好像就被我餓死了！養蠶似乎比較順利，還有養到蠶寶寶變成繭，白白的一個個，那時覺得好有成就感，也超興奮的。點點滴滴的生活，回想起來還真是蠻多難忘的畫面。

　　學校後門有一家賣甜不辣、雞絲麵、還有紅燒牛肉泡麵，這家是同學們的最愛，下課時還有一台賣小籠包的車，印象中一顆 3 元，大部份會買個 5 顆當作飯前的點心吃，這家已經 30 多年了，到現在還有在賣，它的紅紅醬是超級經典，沾著小籠包吃，真是滿足！

　　二重國小的校門外，對面方向有個三合院，現在還在，以前上學經過時會很好

奇，因為這間房子特別不一樣，後來在課本裏面才知道這叫做三合院，冬暖夏涼，全家人住在一起，很方便，感情也好。不過後來看電視上演的內容，三合院的家族故事往往也很精彩離奇，如果有婆媳問題、妯娌問題，也就特別頭痛，倒是小孩子們的童年會特別豐富。

後來透過「戀戀三重埔」，才知道原來三重的古厝蠻多在溪尾街的！

可能是位居在三重的東邊，是開發的比較晚的區域。

據書上的記事，古厝大約有 10 多間，現在三重有這種古代建築的三合院已經不多了，大概不到 5 個，其中以林氏家族的崇德居，保存的甚是完整，至今已 300 多年了，最為代表。

那些三重古厝
六張小段 199 番地　莊家古厝
下竹圍街　林氏古厝
溪尾　吳氏古厝
溪尾八角樓　葉氏古厝
溪尾草厝巷　葉氏古厝
溪尾蓮溪居　葉氏古厝
溪尾　林氏古厝
溪尾　李氏古厝
溪尾　林氏古厝
溪尾　葉氏古厝
溪尾芝蘭居　王氏古厝
溪尾　陳氏古厝
溪尾　吳氏古厝
自強路四段　鄭氏古厝
忠孝路三段　游氏古厝

歷史總是讓人鑑古知今

原來在康熙 31 年（西元 1694 年）時，現在的三重地區是一片低溼平原，直到康熙 48 年（西元 1709 年）時，由陳賴章墾戶向清廷申請開墾現今的八里、關渡、士林、艋舺、新莊等地，後來因為一些因素，只開發到現今的台北市區，而淡水河西岸的三重、新莊、蘆洲還沒被開發，直到雍正五年（西元一七二七年），福建貢生楊道宏向清廷提出開闢淡水河西岸平原案，三重地區才正式被開發。

乾隆十年（西元一七五四年），福建泉洲府同安縣林、葉、王、蔡、李姓等墾戶，開墾大有、頂崁、陡門頭、五穀王、中莊、後埔、竹圍子等地，在乾隆十三年，（西元一七四八年），同安縣林姓墾戶開墾過圳、田心子、大竹圍、菜寮等地。乾隆十五年（西元一七五零年），同安縣蔡姓、林姓、葉姓等墾戶開墾六張子、三張子、後竹圍、下竹圍等地。

同治十年（西元一八七一年），「三重埔」這個名字誕生。所以我們「三重埔」今年是 147 歲！同時由上面查到的資料，也不難了解到三重的大姓林、葉、王、蔡、李，這些家族布及各區的發展，至今的後代風華。

離台北很近的三重，素有小台北之稱

而台北橋更是連結二地的重大樞紐，經查資料了解，原來台北橋之前的前身是座木橋，在光緒十五年時由劉銘傳建設，原本是有火車到三重的，但因雨水、河水多次沖壞橋墩，火車改至板橋、新莊，從此火車與三重再也無緣，這也影響到我們三重雖然交通方便，是九橋之都，但卻沒有車站，影響後面的經濟發展。

在民國二十年時，台北橋完成了（是座七孔鐵橋），漂亮的外形景觀，早期還被稱為是北部八景之一。台北七孔鐵橋在民國 58 年改成水泥材質，沿至今日，是我們熟悉的台北橋，連結了三重與台北之間，是我們三重通往繁榮的臍帶，運輸著經濟發展。

早期的三重人，常每天走路或騎著腳踏車，到台北賣秀英花、或做工等，換取每日生活的費用。由於做工的人大量耗費體力，所以滷肉飯、肉羹湯、油飯等，可以吃粗飽的食物是三餐所需，甚至在早餐就吃飯了，這也演變成三重的代表美食就是滷肉飯、羹湯等等。

三重，有自己的時代意義及故事

在清光緒年間至民初，曾有貿易之最的秀英花之城雅稱
在民國 4、50 年代，曾是農業繁榮的城市
在民國 5、60 年代，曾是東方好萊塢之城
在民國 6、70 年代，曾是家庭即工廠，工業繁榮之城
在民國 7、80 年代，曾是許多大型工廠發展的搖籃
在民國 8、90 年代，曾是交通發展最快速的城市

三重地靈人傑，出了不少名人

這些人、這些事，影響三重至深至遠……

曹容先生是台灣本土最具影響力的代表之一，對台灣書壇的貢獻很大，造就不少傑出書法家遍佈在三重、新莊、基隆、台北等區。曾在太璞宮設班傳授國文及書法，對於三重地方書學倡導，門生桃李滿天下。我們三重從早期的農業時代，到工商時代，一向給人的印象是農夫、粗工、黑手等印象，有這樣一位書法名家在地方傳學

教育，讓三重多了許多文人及習得教育，造福三重，足以讓後代三重人追思及尊崇。至今，在三重很多廟宇及學校，推行書法不遺餘力，很多人也樂於習學書法，寫得一手好字，南聖宮也是每年都有舉辦書法比賽。

其實三重文人雅士也是頗多，相較於後來因為天台一帶繁榮發展，也受電影劇情影響，很多人認為三重很亂、治安不好，甚於台北等各縣市，好像三重就是黑道盛行，走在路上都要小心謹慎，免得出事的印象深入人心，到現在每每有媒體報導三重意外事件時，就會落上「三重之日常」、「三重又砍人……」等負面印象，所以我們很想積極用「餓勢力」翻轉惡勢力的形象，因此出版這本三重美食書《三重心食代》，希望讓大家重新認識三重。

我也了解書的內容多，讀者們不見得會逐一消化了解各店家的故事，所以隨書也會附上一份「特約店家美食地圖」，裏面是這次受採訪的 50 間店家資訊及集點卡，讓大家易於攜帶及集點完食，這是送給鄉親們的一個禮物，希望大家帶著它，來認識我們三重百業及觀光景點。

很多外縣市的遊客到了三重，通常只在三和夜市或是著名的滷肉飯、鴨肉羹、花枝羹、腿庫飯，吃了一下就走，平均停留時間不到 1 小時，完全不了解三重的風華，非常可惜。這裡有多元的巷弄美食，還有異國文化的新料理餐廳，遊覽百年古蹟先嗇宮、碧華布街、供奉呂洞賓的玉璞宮、素有貓廟之稱的義天宮等歷史文化地點，或是戶外休閒趣的大台北都會公園、忠孝碼頭等等，如果讓遊客在三重這裡玩上半天，肯定可以更了解我們三重的特色。

最後，致每一個買這本書的讀者與這次參與採訪的店家們，再次謝謝您們支持三重，也和我們一起看見三重的轉變。

期待本書能翻轉你對三重的印象，吃喝玩樂三重 hen 可以！

三重人的
家鄉夢

文」董俊仁

「三重區眷村文化園區？」

「不會吧！三重不是『綠洲』嗎？怎麼會有眷村呢？」

「怎麼會有人想在三重保留眷村呢？還要推動三重區眷村文化園區啊？」

第一次踏進空軍三重一村大約是在 1996 年，因為談戀愛的關係，我經常來到眷村小山坡的緬梔樹下，聞著雞蛋花香等著和女友見面，看著眷村景緻心中時

有疑惑「我在三重區出生成長這麼多年，想不到三重還有這麼好的地方啊！」

空軍三重一村自 1954 年就在淡水河畔靜靜地存在著，之所以說是靜靜地，就是眷村的古老氣息與空間氛圍，讓人不知道三重區鬧區旁竟然有眷村吧！在台灣 319 個鄉鎮中，三重區可說是一個相當有名氣的地方，雖然響亮的名聲多半都是刻板的印象與偏見的觀點。同樣地，在台灣的政治版圖上，三重區一直被認定為是一個民主聖地與黨外綠洲，很少人知道三重區也有忠黨愛國的眷村。

今天要說的故事是從 2004 年秋天開始……嗯，該如何說這個故事呢？還是從我自己說起吧！我從小在三重區出生長大，從來也不覺得三重區有任何特別之處。直到離開三重區到台北市讀書工作，每當朋友問起：「你住在哪裡？」當我說出：「我住在三重區！」隨之而來的話題竟然多是三重區的水患、擁擠、髒亂與角頭，實在

讓我很不服氣。

2002 年我離開台北到台南工作，有一天晚上我看到一則街道住家瓦斯氣爆的報導，這其實不是什麼特別的新聞，但令我震驚的那竟是我最熟悉的街道，那不就是我故鄉的街道嗎！雖然我不認識傷亡者，但他們的的確確是我的鄰居，唉！無力改變自己的家鄉真是令人痛苦啊。2003 年回到台北之後，我開始試著為三重故鄉做一些小事情，希望能透過點點滴滴的努力能讓三重區變得越來越好，了卻我的一椿心願。

2004 年秋天透過老婆的好友得知空軍三重一村和三重區其他四座眷村都將拆遷，心中不禁納悶：這麼好的社區為什麼要搬遷呢？原來這是政府的德政！依 1995 年立法院三讀通過的「國軍老舊眷村改建條例」，全國眷村都將進行拆除改建。根據統計國防部列管共有 888 個眷村，10 年來已完成約 710 個眷村改建，目前僅剩約 178 個眷村尚待改建。[1]

眷村是台灣近代特殊歷史過程中產生的獨特住居型態，眷村特有的住居記憶與人文網絡是多數外省族群共享的生命經驗，是台灣重要的文化泉源，亦是台灣珍貴的文化資產。台灣的眷村多數在民國四十年初期設立，至今已有一甲子歷史，眷村由於生產過程的特殊性以致於長期難以改建，無意間保留了特殊的歷史風貌與人文氛圍。然而隨著社會經濟快速變遷，近幾年來台灣各地眷村幾乎同時面臨重大改變，多數的眷村快速拆除改建成為公寓大廈，老舊眷村已難復見。

2006 年秋天三重區五座眷村搬遷到板橋市建華新城後，三重區的眷村即將走入歷史。為留下眷村歷史與記憶，熱心的市民與眷村組織者為保留三重區眷村記憶與尊重多族群文化歷史，於 2004 年冬天共同發起了「三重區眷村文化園區營造行動」，在三重區開展了一場關注城市歷史與文化發展的行動，努力將已劃定為 36 號公園預

1　國防部 2015 年資料顯示列管共有 897 個眷村，眷改工作來已完成眷村改建，眷村可謂已成歷史名詞。

定地的空軍三重一村，改造成為富涵移民城市歷史與記憶的公共空間，與多元、豐富、優質的綠地公園。

　　熱心的市民與眷村組織者是誰呢？嗯，就是吃飽太閒的我與熱心的王繼新會長，「三重區眷村文化園區營造行動」就是從朱將軍女兒朱玉立引介我與王會長認識開始。傳統上眷村的社區工作都是由眷村自治會負責推動，三重區五座眷村唯有空軍三重一村自治會已交由眷村第二代接棒，目前擔任自治會會長的王繼新先生為人謙沖熱誠，對於眷村文化工作有理念，與自治會委員、婦工隊、幹事積極參與眷村文化工作與眷村文化空間保存，是「三重區眷村文化園區營造行動」的重要推手。

　　對於眷村第二代而言，面對眷村消逝心中的百感交集，引發維護搶救的動機，是發乎內心真性情的。那對於我這個本省人而言，我為什麼要推動「三重區眷村文化園區營造行動」呢？嗯！如果你想聽，我應該可以講出 100 個理由給你聽。但說真的這其實是一個精心的安排，你不覺得「三重區」、「眷村」、「文化園區」是個奇怪而有意思的排列組合嗎！幾乎沒有人會相信在三重區這種地方竟然會發生這種事情。是吧！「三重區眷村文化園區營造行動」的確顛覆了你對三重區的刻板印象吧！其實我們想做的還有很多很多……

　　2005 年 6 月開始，我們與外省台灣人協會的前任理事長陳德愉與執行長黃洛斐，合辦了「三重區眷村蚊子電影院」，播映了「銀簪子」、「山有多高」、「1949 大遷徙」、「石頭夢」、「無米樂」、「貢寮你好嗎？」6 部經典紀錄片，邀請關心族群與文化議題的市民朋友前來拜訪眷村，認識眷村溫暖的家園，感受眷村濃郁的人情味。

　　「銀簪子」、「山有多高」、「1949 大遷徙」、「石頭夢」在眷村放映沒有爭議，頗獲好評。在空軍三重一村播映「無米樂」與「貢寮你好嗎？」紀錄片的確是件新鮮事，2 位導演都表示是第一次在眷村播放，吸引了將近 200 位市民朋友與眷村住戶前來觀影，一起重溫兒時在廟埕或眷村廣場觀看電影的美好經驗，我們也準備了外省米食點心——「鍋巴」作為「無米樂」與「眷村」第一次相會最好的禮物。在眷村播放這二部

台灣本土的紀錄片是我們特別的安排，期盼透過聆聽、瞭解、尊重促成族群理解與包容行動，雖然行動寓意深遠但坦白說這實在是非常危險的安排。果然，在「貢寮你好嗎？」播映中段，「反核四」的激烈畫面引起自治會委員與幹事的抗議與責罵，雖然我盡力解釋但仍不為他們接受，最後多虧到場觀影的眷村影像工作者李俊賢幫忙緩頰，讓紀錄片順利放映完畢。事情過後自治會委員很不諒解我，在檢討社區工作方法之餘，我只能告訴自己這件事就讓時間解決吧！

　　雖然工作一度受挫，但行動腳步仍不曾遲緩，2005 年暑假我們透過中華民國專業者都市改革組織（OURs）的協助舉辦了「再現空軍一村——三重區眷村文化公園規劃設計工作營」，與 40 多位大學生共渡 6 天 5 夜的眷村文化田野調查與規劃工作。透過舉辦「眷村蚊子電影院」與「再現空軍一村暑期工作營」文化活動，我們認識了來自桃園縣埔心四維新村的李俊賢與台中縣霧峰光復新村的吳東明，他們對於故鄉的情感促使他們走出自己的社區，與全台灣關心國軍眷村與國家資產的朋友們一起攜手，為保存台灣歷史文化資產與人民生命經驗而努力。

　　「三重區眷村文化園區營造行動」在志同道合的夥伴協力下，透過中華民國專業者都市改革組織、都市設計學會、社區營造學會、台大城鄉所劉可強教授、淡江大學吳光庭副教授與黃瑞茂助理教授提供專業諮詢，我們於 2006 年 4 月舉辦「空軍三重一村回憶錄發表會與台灣眷村影像展」、5 月舉辦「蛻變展翅——文化空間營造與地域光榮運動研討會」、7 月舉辦「2006 少年遊——眷村文化歷史探索隊」，目前正結合立法委員與眷村文化工作者積極推動「國軍老舊眷村改建條例」修法工作，期盼取得眷村文化園區土地與經費，為百萬人的生命經驗留下重要的足跡。

　　談了這麼多，我知道您一定想問「三重區眷村文化園區營造行動」究竟想做什麼？

　　對我而言，我希望透過「三重區眷村文化園區營造行動」保存眷村來營造三重區，這個想法來自於顛覆「刻板印象」。

談到外人對於三重區的刻板印象，其實我們本省人對於外省人經常也有刻板印象，但自從我接觸了一村的眷戶之後，我發現其實外省人，他們比我們還愛三重，這個經驗給我的衝擊很大。

三重區的五座眷村計畫搬遷到板橋市，很多人可能會關心房地產的價值，但就我所知眷村長輩們都希望能留在三重區，我想應該是人性對於胼手胝足建立家園的深厚情感，讓我們都珍愛三重家鄉。我想像如果空軍三重一村有機會保存整修變成三重區眷村文化園區，難道你不能說，三重區民很了不起、讓人尊敬，有這樣的胸襟、包容、對多元族群文化價值的信仰與堅持。這是我們努力的目標，我真的期待透過「三重區眷村文化園區營造行動」，讓三重人好好思考，三重是不是我們的家？既然三重是我們的家，我們該怎樣讓它變得越來越好。

「三重區眷村文化園區」計畫保留空軍三重一村基地上現有之大樹、防空洞與廣場空間，並呈現眷村特有的窄巷與竹籬笆風情，讓未來使用公園的市民朋友瞭解眷村在三重區這塊土地上的歷史與文化意義。而空軍三重一村眷舍保存之後可以作為眷村文化館、故事館、三重區文史館和城鄉移民會館，或是有關淡水河地理與歷史的環境教育中心、社區大學等用途。政府也可以透過公平、公開的機制，將這些空間提供給民間公益社團來使用，這些公益社團單位在這裡運作時，他們就會作出對三重區有實質意義與貢獻的事情，讓三重區變得越來越好。

「三重區眷村文化園區營造行動」透過保存空軍三重一村 50 餘年來的生活空間，運用閒置文化空間、連結民間公益社團活力，創造城市嶄新公共空間、豐富市民生活內涵，改變外人對三重區的刻板印象與偏見觀點，營造三重區民的光榮意識。我們期待「三重區眷村文化園區營造行動」成為點燃「三重區光榮運動」的引信，透過市民團體的創意、參與、合作讓三重區煥然一新，改造城市環境、提升城市文化、塑造城市形象、創造城市魅力。

2018 年 11 月 10 日，佔地 1.4 公頃大的三重空軍一村經過新北市政府的計畫，重建 / 維護，給予三重眷村新風貌，歡迎大家來三重玩，體驗我們的眷村文化，讓三重滿足您的五感體驗。您可以從忠孝碼頭沿路玩到空軍一村，附近有著名的旺角石頭火鍋、里約餐廳、朱記花枝羹、五燈獎滷肉飯……等，然後晚上到我們在地的三和夜市吃吃、逛逛，夜市裏很多物美價廉的衣服、生活用品及美食哦。

三重
碧華布街

文」花上雅

布街的形成在民國 60 年左右，當時是以庫存布、平織布、羅紋布及針織布為主，有著布市仔的稱號。

布市仔這裏從頭逛到尾大約 500 公尺長，主力經營的是庫存，而非正批，所以價格是最大的優勢，除了台灣，還有許多港澳業者都來這裏批發、採購，輝煌時期的碧華布街，可是連倉庫都不用，因為根本沒時間囤布呢，可想見當時的繁榮程度！

而且為了出貨方便，有的店家直接在二樓開個大天窗，便於出貨，當時的年代，整條布街的店家都是走「被閃購」模式呢！

全盛時期有 2、300 多家布店，隨著產業結構變化，現在布街的發展以「文化產業為主體，觀光、教學為輔」，串連碧華寺、淡水左岸自行車步道等，周邊美食以溪尾街、五華街最具代表。目前以打造成「台灣布莊博物園區」為目標。精神象徵是「布牛」，因為以前大家打拼時，扛布、送貨，體力及忙碌狀況，都像隻牛一樣。

碧華街位在三重的東北方，鄰近蘆洲，屬於分子尾一帶。在這條街的店家，大多都是彰化、雲林、嘉義移居北上來打拼的，一個上來，一個個跟著來幫忙，最後陸續形成以家族為單位，70 年代，是全盛時期，一開始「許、黃、朱、葉」是這裏的四大家族，互相照應，人情味十足，同時也是客家人群聚的市集。

6、70 年代的台灣布街

北台灣有大稻埕迪化街的永樂市場、五分埔布街、碧華布街（以碎布起跡），我們的碧華布街物美價廉，現在台北的布都比較時尚新品或當季流行，但在我們這裏尋寶，業者經營工廠經營出正批貨剩下的庫存、零碼，所以在這裏可以找到很多

美麗及質感兼具的流行布喲，有許多服裝設計科系的老師和學生，內行的熟門熟路的話，會來這裏尋布，作為作品的材料。

現在碧華街除了保存生活與產業相關的物件與資料，也以布莊為發展主軸，規畫了學習教育園區，還有相關的學習布藝及技藝訓練課程，及開發布藝的 DIY 套裝行程，有 10 個學習路線，及 10 家種子店家，希望能夠傳承布街的精神及產業價值。

歡迎大家來三重體驗布藝製作的課程，一定會讓你留下難忘的回憶。

吃喝玩樂 三重 "hen" 可以

攝影/小巴老師

1. 碧華布街
2. 辰光橋
3. 空軍三重一村

4 徐匯廣場　　8 鴨鴨公園
5 忠孝碼頭　　9 三和夜市
6 先嗇宮　　　10 太璞宮
7 大台北都會公園　11 集賢環保公園

▶ 來三重吃飯吧

▶ 來三重玩吧

CONTENTS

CONTENTS

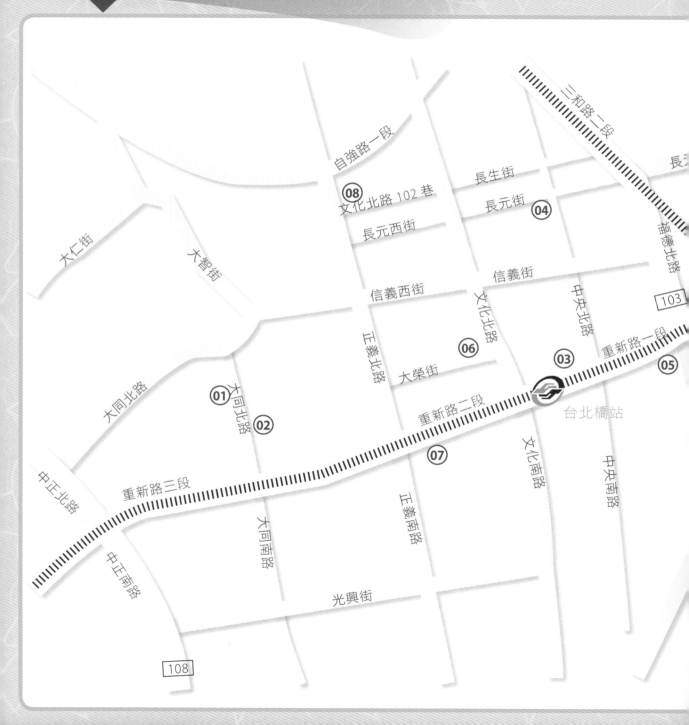

1 甲

① 新月涼麵

📞 02-2984-9913
📍 大同北路 42 號

② 暹羅廚房

📞 02-2982-0363
📍 大同北路 15 號

③ 鳴人丸茶飲

📞 02-2979-2017
📍 重新路一段 113 號

④ 金英
古早味蛋餅

📞 0975-191-585
　 0922-075-611
📍 三和夜市（中央
　 北路近長元街口）

⑤ 雙爸私廚

📞 0929-103-077
📍 重新路一段 58 號
　 2 樓

⑥ 餓店
蒸氣吐司／厚切蛋餅

📞 02-8988-2966
📍 大榮街 54 號

⑦ 象座咖啡

📞 請洽網路預約
📍 重新路二段 46-8 號
　 2 樓

⑧ 李記排骨麵

📞 0926-313-133
📍 文化北路 102 巷
　 41 號

新月涼麵

三重大同店

愛心溢滿　挑戰全台最美涼麵

涼麵店老闆挑戰世界第一好吃的涼麵沒什麼，但挑戰最愛做公益的涼麵店老闆，就是會讓人感動。大同北路上的「新月涼麵」老闆陳俊憲，因小時候家境貧寒，開店後有機會便出錢出力幫助貧窮與弱勢。他多次帶領各地廚師前往療養院、孤兒院，煮出愛心溢滿的餐點。台南 206 大地震、與花蓮 206 大地震，陳俊憲都是立刻店休前去助人。「新月涼麵」也許不是最好吃，但一定是台灣最美的涼麵。

賣涼麵攤子這麼多，但「新月涼麵」就是不一樣，不僅有多種涼麵品項，麵中有肉有蛋有泡菜！還賣關東煮、咖哩飯、丼飯、傳統肉燥飯，樣樣都受歡迎。為什麼會如此豐富？老闆陳俊憲 32 歲那年突然受到啟發，他認為鬍鬚張是滷肉飯連鎖的龍頭，牛肉麵也有連鎖店龍頭，鍋貼也有龍頭，為什麼涼麵沒有連鎖店，只看到各地的老店？他認為是因為涼麵產業有季節性的限制，如果增加品項，加上室內坐位，還能飲料喝到飽，只要價格沒比較貴，而餐點、服務都有巨大的差異，口碑就能做出來來。

◀ 涼 麵

要創造世界最好吃的涼麵，絕對不是說說而已。陳老闆在涼麵的每個步驟中都下足了功夫，其中麵條特殊的商業機密，客人夾起麵條就能感受到它特別滑順；還能沾附大量醬汁，讓客人吃的有味又涮嘴。麵條是陳老闆的獨家配方，絕對是當天製作，不像一般涼麵攤用的是隔夜麵。陳老闆說，隔夜麵或多或少會有衛生問題，他堅持當天製麵當天賣出，「只要有吃過的人，一定會有不同感覺。」

涼麵醬汁也有大不同，「新月涼麵」使用芝麻醬、檸檬汁、醋混和，吃起來酸酸甜甜，夏天品嘗非常開胃。曾經有一位客人吃完涼麵抱怨麵條太少，老闆聽到非常納悶，把自家賣的涼麵跟外面比較，明明比較多？後來才發現，是自家涼麵太好吃，讓人有一下就嗑光的錯覺，客人直呼：「原來如此」。

雖然涼麵品項這麼多，陳老闆自己最喜歡的是有肉有蛋的「全套涼麵」。吃的時候把半熟蛋戳破，讓蛋黃流下與涼麵醬汁混合，風味獨特又好吃，是陳老闆獨門吃法。「店內雞蛋、小黃瓜都有產銷履歷認證，保證吃的安心。」

新月涼麵

📍 新北市三重區大同北路 42 號

📞 02-2984-9913

🕘 09:30 ～凌晨 01:00

📅 公休日　週一

◀ 關東煮

　　新月涼麵隱藏了許多小故事,例如涼麵店怎麼會賣關東煮?他曾經推攤車出去賣涼麵,但是第一天擺出去的時候竟然遇到寒流來襲,當天氣溫是 10 度,大概所有人都會想:「寒流來賣涼麵?找死!」

　　所謂「危機就是轉機」,陳老闆腦筋轉得比誰都快:「那用關東煮配涼麵吧!」陳老闆把關東煮做成傳統甜不辣的樣式,每一種關東煮各放一塊,包裝成一碗,「路上行人遠遠的看見關東煮熱氣、聞到香味就跑過來了,買了關東煮後發現招牌料理是涼麵,就跟著買一份」,不只賣出關東煮,還多賺一份涼麵。

　　新月涼麵的關東煮湯底媲美日本料理高湯,用新鮮蔬菜、昆布跟鰹魚(柴魚)下去製做,比一般店家使用湯粉調製要多數倍的成本。客人第一口就能品嘗到滿滿的蔬菜甜味,聞到柴魚昆布香,碗中各種材料:甜不辣、旗魚丸、魚餃、百頁豆腐、魚板、竹輪、米血糕、豆皮、白蘿蔔……,難怪冬天也是高朋滿座。

味噌湯 ▶

　　味噌湯就是味噌湯,大不了加豆腐、海帶?千萬別被傳統束縛了想像力。「新月涼麵」可以加貢丸,再現煮打個蛋花,根本是貢丸蛋花湯的鰹魚升級版。以白味噌為基底扎實的鰹魚湯頭,加上洋蔥去帶出甜份,清爽甘甜,單點的味噌清湯是麵、飯的好搭檔,想豐富今天的菜單?加點雞蛋、貢丸吧。

冬天到新月涼麵除了熱呼呼的關東煮，還能選吃了後全身暖烘烘的咖哩嫩雞飯、咖哩豬排飯。這裡採用偏甜微辣的日式咖哩，不僅符合台灣多數人吃咖哩的習慣，也是搭配店中的味噌湯、關東煮等料理。陳老闆表示，咖哩好吃是有祕訣的，洋蔥炒過後搭紅蘿蔔、馬鈴薯燉煮，一定要加入 2 種不一樣的咖哩粉下去拌炒，帶出的咖哩辛香料味道就夠深厚。

▲ 祖傳肉燥飯

　　肉燥飯究竟應該肥肉多？還是瘦肉多？在「新月涼麵」可以找回阿公阿嬤時代的古早味肉燥飯。陳老闆說，他從小就是肉燥飯控，店內的肉燥飯是複製他童年的記憶。

　　「新月涼麵」的祖傳肉燥飯吃不到豬肉，完全使用豬皮丁，就是豬皮，先炸過逼出油脂，所以吃的時候肥但是不膩。陳老闆說：「逼出來的純正豬油拿來煎蛋，所以我們的荷包蛋有一種鄉下阿嬤的古早味，以前的人都是用豬油在煮飯，

　　研發出祖傳肉燥，老闆還順勢推出台北少見的涼麵品種「肉燥涼麵」，吃起來介於冷麵跟熱麵之間，有乾麵肉燥的感覺卻又兼有涼麵的清爽，對於有些不敢吃涼麵的人，這是另外的好選擇。

暹羅廚房

泰正統料理　貼近人間天堂

暹羅廚房

📍 新北市三重區大同北路 15 號

📞 02-2982-0363

🕐 11:00 ～ 14:30；17:00 ～ 22:00

🗓 公休日　週二

「暹羅廚房」一聽就便知道是泰式料理（泰國古稱暹羅），它既不會自稱「泰」好吃，更不會叫做「泰」棒了；「泰」平實的招牌，只告訴人這是一間來自暹羅的餐廳。不過，「暹羅廚房」的味道獨樹一格，來自泰北的主廚兼老闆、羅德旺，下定決心要把「泰」正統料理帶來台灣，連食材都是泰國進口，每一口酸香辣，都是踏破鐵鞋難尋的好風味，饕客們捧腹讚美：「泰」貼近人間天堂啦。

「你是亞細亞的孤兒、滇緬孤軍的後裔？」來到三重三和夜市，這裡是三重人的廚房、美食的聚寶盆；「暹羅廚房」也是其一，只要開張便是高朋滿座，想找羅老闆說幾句話的機會難上加難。好不容易找到一點時間聊聊，才知道羅老闆竟然有如此驚人的身世。

在坊間的泰式餐廳少有真正泰國的廚師，來台 17 年的羅老闆不僅出生於泰國，身後還有一段沉重的歷史包袱，因為他是國軍留在泰國邊境的遺族，也就是泰緬孤軍，歌手羅大佑唱的《亞細亞的孤兒》、作家柏楊所著的《異域》，描寫的即是國共戰爭在泰緬留下的傷痛。

略知泰緬孤軍歷史的人知道，他們並沒有任何國家的公民身分，為了獲得一份認同，從遙遠的泰北邊境輾轉來到台灣，想盡辦法在台灣取得居留權、身分證，期間辛酸不為外人所道，為了有個歸屬的「家」。不過「暹羅廚房」吸引滿堂食客的原因，並非泰緬孤軍感人熱淚的故事，而是羅德旺帶來的正統泰式料理。

在台灣吃泰式料理其實「泰」不道地，例如不想用泰國醬油，在咖哩偷偷加了台灣醬油；為了省錢用台灣茄子，而不是脆脆的泰國茄子；泰國用香香的南薑，台灣放辣辣的老薑；更誇張的還有台灣賣「泰國沒有」的泰式料理，像是泰式椒麻雞，還有月亮蝦餅。羅主廚說：「以前泰國沒有月亮蝦餅，不過現在有了，是從台灣流行過去的喔。」

羅老闆的料理手藝十分扎實，來自於他坎坷的學習之路，高中的時候來台灣就讀穀保家商餐飲科，雖然自己對料理很有興趣，卻因為家中貧困，只能四處去餐廳打工，學一些基礎；直到存夠了錢，才回泰國真正的拜師學藝，再回台灣將正統的泰國菜介紹給國人。

「真正的泰國菜味道太重、太鹹太辣，店裡有 4、5 桌客人，就會有 2 桌會嫌味道太重」，羅老闆無奈的笑著，後來經過些許改良，味道稍微調整清淡一點，但是有部分羅老闆還是堅持正統風味，「綠咖哩、羅望魚、女婿蛋，這些我自己的招牌菜堅持不能改。」所以大家來「暹羅廚房」，才是真正「不出國能吃到異國料理」。

像是女婿蛋，一般餐廳肯定吃不到的，先用雞蛋水煮半熟，先冷凍後再酥炸，上桌前淋上老闆特調的泰式肉醬。羅老闆說起小故事：「女婿蛋有個好玩的由來，很久很久以前，有個丈母娘把女兒嫁出去後，發明了這道菜給女婿吃，女婿吃了會想起丈母娘對他不錯，就會跟妻子好好相處。」

◀ 酥炸羅望魚

吃過泰式酸辣魚的人很多，但是同樣為泰式魚料理，酥炸羅望魚才深受泰國人喜歡。酥炸是泰式常運用的烹調手法，鮮魚拍薄粉炸酥後，淋上特調的羅望子醬，魚肉外酥內嫩再吸附鮮酸甘甜的醬汁，從未品嘗過的特殊風味，彷彿南國的明亮陽光穿透身體，讓食客們飽足口腹之慾。

吃過的人都會想知道這美味的醬料從何而來？羅老闆說，幾乎全部的材料都要從泰國進口。其中有羅望子果肉，混合魚露、糖等等。加入番茄醬、青蔥、洋蔥炒製，雖然酸卻不嗆。

店內也有酸辣魚，但是風味也十分不同，一般泰式餐廳加檸檬汁、檸檬葉；羅老闆則是加入泰國進口的香芒、小紅蔥等香料，為了激發更豐富的味覺，老闆撒上炒香的花生粒，無論是味覺還是秀視覺都十分澎湃。

▲ 泰式雞湯

　　亞洲人喜歡雞湯，當然泰國也不例外，羅老闆用心推出很不一樣的泰式雞湯。「有放薑，但是不會感到辛辣，還有淡淡香氣？」羅老闆回答，這是因為店內使用泰國來的南薑，沒有台灣的薑這麼辛辣，搭配香芒、檸檬葉一起，讓人聞到心裡升起暖烘烘的快樂。

◀ 綠咖哩雞肉

　　店內最受歡迎的菜色之一，羅老闆特製的綠色咖哩，「許多人會問綠色是什麼食材？其實就是綠色的辣椒，紅咖哩就是用紅色的辣椒，黃咖哩有較多的黃薑粉。」「暹羅廚房」的綠咖哩味道特別濃郁？因為羅老闆不計成本，堅持加入雙倍的椰漿。

鳴人丸茶飲

前無古人後無來者

不斷挑戰新極限

買手搖飲很方便，點了可以邊逛街邊喝，但是逛街逛到腳痠，有沒有哪間店可以坐著喝還邊吹冷氣？三重三和夜市前面「鳴人丸茶飲」，一般手搖飲的銅板價，不只外帶外送，還能提供茶館的享受，內用吹冷氣，還能看到很有設計感的工業風裝潢。「鳴人丸茶飲」並非連鎖店，除了營業方針獨步三重，菜單上還有由老闆曾士原、老闆娘傅珮城，善用創意發想出來的特殊茶飲，其他地方想喝喝不到的喔。

鳴人丸茶飲

📍（創始店）新北市三重區重新路一段 113 號
　＊店家租約關係，已遷至蘆洲區民族路 173 號

📞 02-2979-2017

🕐 10:30 ～ 23:00

🗓 公休日　無

逛夜市逛到腳痠，又不想坐下來吃小吃，這時要怎麼辦？「鳴人丸茶飲」的曾老闆提供一個好方法，就是「逛鞋店」。鞋店都可以坐下來試鞋子，也能順便休息，不過很有可能會買了一堆鞋子回家。就是因為覺得三和夜市缺少讓人休息、放鬆的店面空間，曾老闆想到自己開店的時候，讓客人只花一點點錢，就能在店裡有個位置坐著，「不必像茶館一樣一杯要 200、300 元。」

「鳴人丸茶飲」剛好就在中央北路跟重新路交叉口附近，老闆將店內裝潢成有工業風的網美牆，油桶做的椅子、英國風工業皮沙發、鉛管組合成的水管 ET，讓小小店面就能產生跳脫現實的穿越感。除了裝潢非常有特色。想進來只要買一杯飲料、不用加錢，也可以坐在店裡吹冷氣。

因為「鳴人丸茶飲」是自有品牌，在連鎖店環伺的競爭環境下，更會珍惜好不容易經營出來的成果。堅持給客人最好的品質，曾老闆說：「店內所有的飲品堅持不使用隔夜茶和茶精，喝到最自然新鮮的原始風味，濃濃自然茶香。」鳴人丸茶飲不斷開發研究更多創新茶飲，在各式味道裡去汲取最慧黠獨具的飲品，讓每一個消費者，都能從這杯小小的飲料中擁有「甘甜解渴·滿心歡喜」的幸福感受。

為什麼要自創手搖飲品牌？ 20 歲就創業，靠通訊手機產業起家的曾老闆解釋：「我喜歡交朋友，想要有個地方有個聚所可以跟大家聊天，那就開一間飲料店，自己做一個品牌好了。不加盟的原因是我不喜歡被約束，加盟店要照公司 SOP，沒辦法做自己。」

損友茶～不知道要點什麼給朋友，就點它吧 ▶

一群朋友逛夜市要點茶飲，總有這種人：「我不知道要點什麼耶？你喝什麼我就喝什麼。」萬一飲料來了味道他不喜歡，還會嫌別人亂點。曾老闆說：「這種就是損友啊，一有這種想法點單就會拖很久，我等你你等我，大家一起發呆。」

說是損友茶，外觀看來整杯黑漆漆，真不曉得是什麼鬼？！果然是損友茶的感覺，上面標籤就貼著損友茶，曾老闆生動的形容：「遞給朋友時傻眼，大家拿到狂笑，這就是家人、朋友之間的小趣味。」雖然名字是損友茶，不過相當好喝，裡面是蜜茶、仙草凍加小紫蘇，甜蜜的仙草加上有口感的小紫蘇（山粉圓）。

「鳴人丸茶飲」的菜單不只有損友茶，還有適合幫女朋友或是曖昧對象點的水蜜桃小紫蘇；想要高級手作感，請點有自家手炒黑糖的黑糖珍珠鮮奶；人人都愛喝，絕對不雷的是小芋圓奶茶。點單也能讓店員與顧客互動，讓走進手搖飲店也有趣。

◀ 小芋圓奶茶～第一次喝小芋圓奶茶，就會愛上它

粉圓放大變成珍珠，那把芋圓縮小會變成什麼呢？「鳴人丸茶飲」的小芋圓奶茶就是用變小的芋圓，Q滑的小球帶著濃濃的芋頭香，搭配奶茶的獨創茶飲，可能是繼珍珠奶茶後，又一風靡世界的台灣飲品。

台灣愛吃芋圓的人不少，但是可以把芋圓煮得QQ，而且還是很容易煮爛的小芋圓。曾老闆解釋：「芋圓有很多煮法，我鑽研了很久，還參考過阿基師的食譜，發明自己調配的煮法，產品成熟後才能把這隻商品，變成我們主推的形象商品。」

曾老闆嘆了一口氣：「開加盟店人家都幫你弄好，我們光是籌備就要半年，其他材料都買得到，就是基茶最困難。自己找茶商、配茶調配比例、泡的時間，每天試喝就喝到昏頭。珍珠、小芋圓煮法的也有差異，有人吃珍珠要QQ、有人要硬一些，要抓到民眾的喜好不簡單。」

◀ 黑糖珍珠鮮奶～
堅持自家手炒黑糖

　　手炒黑糖的濃郁風味讓許多人喝了就愛上，曾老闆不只愛上，還堅持自己手炒。曾老闆介紹，店內的手炒黑糖用台糖二砂來製作，必須不停攪動翻炒半小時才能做出甜香誘人的黑糖，「炒的時候香氣會散發到外面，走過的人都喊好香，也因此拉到不少客人。」

　　「鳴人丸茶飲」的黑糖珍珠鮮奶，繁複的不只有手炒黑糖，珍珠煮好要加蜂蜜，讓它產生Q彈，客人咬破時還會散發蜂蜜香，口感、味覺、嗅覺3個一次滿足。老闆指定牛奶選用福樂牛奶，而且還是紅色瓶裝的全脂，「福樂是我的最愛，如果做加盟店，就不能選我從小喝到大的福樂，而且口味濃又香，配上手炒黑糖最搭。」

水蜜桃小紫蘇～
來自星星的水蜜桃 ▶

　　要清爽、要豐富、要有口感、要健康、還能當代餐……，有這樣的茶飲？「鳴人丸茶飲」的水蜜桃小紫蘇，是曾老闆與老闆娘試過幾百種組合，最後決定把高纖的愛玉、飽足感的小紫蘇、豐富口感的椰果，配上水蜜桃基底茶，推出獨特的女性專屬手搖飲。

　　「我們拿很多食材、水果來嘗試，就是想要有讓女生覺得這一杯有豐富口感，喝多不會覺得膩。」許多女性會把珍珠奶茶當代餐，但是真的太肥。水蜜桃小紫蘇的愛玉、小紫蘇都是0熱量又飽足，配上蜜桃茶，喝起來酸酸甜甜，喝這一杯就飽，愛喝手搖飲又怕身材走樣，這杯最適合。

金英
古早味蛋餅

水嫩餅皮　蛋香飽足滑嫩又QQ

　　一樣米養出百樣人，麵粉種類多，也能做出各種風味各異的蛋餅喔。大家平時吃到的蛋餅，都是所謂的「半燙麵」，用中筋麵粉加滾水攪拌，再加入冷水製成的麵皮。嚼起來皮酥，但稍嫌油膩，像是餡餅、蔥油餅的做法，若是放涼了再吃，真的「滿嘴油」。不過在台南，卻有吃起來滑嫩又ＱＱ，蛋香飽足的百年歷史「古早味蛋餅」？在美食俯拾即是的三重也吃得到，請來「金英古早味蛋餅」嘗嘗看。

金英古早味蛋餅

📍 新北市三重區三和夜市（中央北路近長元街口）

📞 0975-191-585；0922-075-611

🕐 18:00 ～ 23:00

🗓 公休日　週一

　　走進三重最大的夜市——三和夜市，轉來轉去，怎麼賣的東西都跟其他夜市差不多呢？直到看見「金英古早味蛋餅」，想吃點與眾不同的好味道，趕緊跟上人群排隊去。

　　蛋餅不是早餐店的東西，怎麼會想到要在夜市賣蛋餅呢？原來是 2 個老闆之一的謝金助，是台南東區人，他的媽媽以前在成功大學附近開早餐店，賣的就是鍋貼、水煎包、蛋餅，其中蛋餅非常受到歡迎，往往都是最早賣光的。古早味蛋餅是謝老闆的家傳，從小阿嬤常常做來當點心給大家吃，材料簡單做起來又快；是謝老闆一家人最溫馨的家庭回憶。

　　後來謝老闆因緣際會來到台北，3 年前乾媽過世留下三和夜市的攤位，於是跟乾媽的兒子一同創業做頭家，思念媽媽的謝老闆提議做蛋餅，把自己的家鄉小吃與台北朋友一起分享，正好也沒見過台北有人賣這樣的百年古早味，於是台南小吃「金英古早味蛋餅」開賣囉。

▼ 古早味蛋餅

　　一群顧客站在鐵板前等著，綁著牛角毛巾的謝老闆，快速煎著一個又一個的蛋餅，好滿足愈來愈多的客人。「大家看到牛角毛巾，表示知道找對攤子了」，謝老闆說，因為長期在爐子前面，綁條毛巾擦去滿頭汗，也能避免頭髮掉下去，本來是為了衛生著想，久了反而變成店裡的 LOGO。

　　古早味蛋餅在某些地方喚作淋餅，謝老闆解釋：「叫做粉漿蛋餅，不過經過我的改良，蛋香更濃，口感也更軟 Q。」古早味蛋餅剛煎起來時外酥內軟，回溫下來會變得稍軟，放冷反而變 Q，隔天吃還可以用微波爐加熱；與一般蛋餅放冷後，發硬難以嚥口大不相同。坊間台北的早餐店蛋餅，通常是食品供應商給的冷凍麵皮，蔥少油多，由機器大量製作後冷凍，便於儲存。

　　而「金英古早味蛋餅」的粉漿餅皮，材料完全自己做，100% 掌控食材的鮮度與品質，而且現場調製現場煎，絕對沒有隔夜的東西，連蔥也是。製作粉漿時用麵粉、蛋、特殊配方的天然食材調製。但是不太吸油，吃起來也健康，謝老闆強調：「你看我們煎起來的時候還會經過拍打，就是要去掉多餘的油。」

　　因為粉漿含水量高，需要較長時間製作，再怎麼厲害一個假日也只能賣 500 片，但是水嫩水嫩的餅皮，卻能吸引許多顧客回流。謝老闆敘述：「有客人說我們蛋餅吃起來口感不會粉粉的，其實很多人不喜歡蔥油餅那種粉粉口感，感覺好像沒熟，那就是冷凍麵皮的問題。」

金英古早味蛋餅
◀ 製作流程 ▶

▼ 3 種自製調味醬

不僅是蛋餅皮特殊，「金英古早味蛋餅」使用的調味醬也是嚴選再嚴選，有 3 種：醬油、豆瓣、狠辣的辣椒！

醬油是西螺的純釀造醬油，價格昂貴，這樣等級的醬油，一般只會用在五星飯店或是一等一的中菜館，夜市小吃攤位很少使用。「我們會將醬油再調配，南部人吃的東西較甜，會稍微調整降低甜度，讓在地人也可以接受。」豆瓣醬則是岡山豆瓣醬，鹹中帶辣、醬香厚實，由高雄工廠直送三重，「跟羊肉爐使用的相同，我也會再調整味道，不然會太鹹。」

「我們用的是高達 140 萬度毒蠍椒來做狠辣的辣椒醬！」謝老闆很驕傲地說，一般的辣椒只有 40、50 度。老闆說會做這樣的辣醬，是因為客人一直詢問有沒有比較辣一點的醬？在此之前只有醬油膏跟豆瓣醬；謝老闆想過用辣椒粉炒沙拉油來製作，但覺得太油不健康。

「偶然看到阿基師的節目，好吃辣椒醬的食譜躍入腦海」，謝老闆先去菜市場尋找食材，找到台灣的雞心椒，小小顆卻很辣。後來又找到毒蠍椒跟鬼椒，辣度單位的「史高維爾單位」，毒蠍椒是140 萬度，鬼椒是 100 萬度，十分驚人。「史高維爾單位」140 萬度意味著，辣椒汁被稀釋了 140 萬倍，才能徹底中和辣味。不過謝老闆手作的辣椒醬，絕不會辣到胃不舒服，吃起來甚至會散發牛奶香，因為好的辣椒本身會有牛奶的味道，。

謝老闆的特製辣椒醬有 2 種搭配，因應毒蠍椒跟鬼椒產季的不同，分別搭配雞心椒製作。辣椒要先洗過、晾乾，加入辛香料、九層塔後，用果汁機攪打到完全沒有顆粒，此時辣度才會出來。「那時候還不知道140 萬度有多可怕，洗辣椒的時候，會辣到皮膚紅腫，試味道時放一點進嘴巴，嘴就麻了。製作的時候也很辛苦，打壞好幾台果汁機。歡迎不怕辣的朋友，一起來挑戰『金英古早味蛋餅』狠辣的辣椒！」

雙爸私廚
CHEF PA

為愛料理　藍帶廚藝親子廚房

「會烹飪的暖男」，已經成為女性心目中戀愛的條件之一。雙爸私廚的主廚、雙爸許紘維，求學時已經萌芽對烹飪的興趣，後來有機會就到國外進修更高深的技巧。除了烹飪出米其林星級的美味料理，現在雙爸還開設親子廚房，讓父母帶著小寶貝一同參與烹飪過程，可以激發孩子學習的潛能，更能學到珍惜食材、培養環保概念，讓寶貝不會從小就習慣外食重口味，重視健康要自起跑點開始。

看到站在廚房飛快料理的雙爸許紘維，任誰都想不到他曾經任職金融業，有一天突然辭職買了機票，飛到澳洲藍帶廚藝學院，完成自己學烹飪的夢想。回國後一邊上班一邊兼職當料理課講師，原本以為人生就這樣了，不久後女兒「雙雙」來到，一出生即罹患異位性皮膚炎，手腳潰爛。雙雙從出生每天都在哭，心急如焚的許紘維，開始想用自己的專長為女兒做些什麼。

為了除去家中的過敏原，食衣住行樣樣要注意，許紘維一頭栽入食物過敏的領域，為了找出所有雙雙的過敏原，從嬰兒副食品開始，全部都是自己動手製作。後來雙雙快 3 歲時不再過敏，許紘維對女兒的愛讓他出了名，大家自然而然叫起「雙爸」。

2 年多以來，雙爸全心投入食材的研究，也因為對食物的了解，身邊有一些朋友們開始請他教導如何製作低過敏原的料理。也因為對孩子的愛，雙爸開始經營親子廚房，帶領更多的父母更了解自己的孩子。

食物中有許多小孩討厭的味道，例如大蒜、洋蔥，怎麼才能讓他們接受呢？「那是大人給孩子的既有印象，是大人把框框套在孩子身上」，雙爸解釋，小朋友的味蕾記住自然的味道，像是洋蔥的甜、大蒜的香，「味道當然跟外面不同，吃過家裡做的料理，小朋友就分辨出外食加了不該加的東西。」

如何打破既有印象的壁壘？雙爸一邊做菜一邊解說，他不用味道吸引小孩，而是讓孩子跟著一起做，用孩子喜歡的方式做巧思，「自己做就會覺得好吃，如果是他很難接受的食材味道，我會在處理時讓那個食材變不見，或是味道變淡。讓孩子知道有吃到，卻不會覺得討厭。」

雙爸私廚

📍 新北市三重區重新路一段 58 號 2 樓

📞 0929-103-077　李小姐

🕙 10:00 ～ 21:00

📅 公休日　無

茄汁義大利麵搭配炭烤肋排 ▶

　　碳烤豬肋排，西洋料理中十分受歡迎的料理，當它配上同樣超人氣的茄汁義大利麵，兩個頂尖平民料理同盤上桌，可能會讓無數人的飢餓的腸胃響個不停吧。

　　義大利麵能沾裹多少醬汁？一直是廚師們的大哉問。為了讓雙爸廚房的義大利麵裏上誘人的茄汁，雙爸使用寬直麵，並將它放進醬汁中一起煨。雙爸説，這樣能讓麵條順利沾上茄汁，還可以將麵條與醬汁的味道融合，獲得更醇厚的味道。其中最重要風味來源是茄汁，雙爸在這裡下足了功夫，採用自己手做的風乾番茄泥、新鮮洋蔥、罐裝番茄丁配上大蒜、橄欖油一起拌炒，炒香後豔紅透亮伴隨水果香氣，小朋友看了會忍不住先偷挖一口來吃。

　　豬肋排選用的是黑豬腹脇肉旁邊的軟肋，肉多筋少口感細軟。放一些胡椒、丁香、松子，泡在橄欖油中稍微醃漬後蒸熟，最後淋上主廚特製 BBQ 醬汁，放在煎鍋中上色。通常烤肋排需要放在烤箱 2 至 3 小時製作完成，非常耗時，做出來的肋排也偏乾柴。主廚特製 BBQ 醬汁採用番茄醬、糖、黑啤酒等材料製作，淋上一點點可以迅速加速肉質軟化，風味絕佳，煎熟後香氣十足，讓肋排清爽顯嫩。

◀ 無骨牛小排起司漢堡

　　雙爸的手藝來自澳洲藍帶廚藝學院，請他做漢堡會不會太小才大用呢？沒想到雙爸竟然説：「我的漢堡很受歡迎呢，是料理講座、企業私廚聚會的熱門菜單。」原來「無骨牛小排起司漢堡」，用的是真正的原肉無骨牛小排的肉片，不是絞肉做的漢堡，呈現真實米其林星級的料理。

　　大口咬下，兩種醬汁馬上攻佔味蕾唱起勝利之歌，巧達起司做成的起司醬、滑順帶著堅果香的花生醬；肥瘦合宜的天然原肉無骨牛小排，在唇齒間層層堆疊出豐滿的五感六覺、七情六欲。

　　「好的原肉，醃製調味只需一點點，就能做出好味道。」雙爸使用接近韓式的醃法，加入味淋、黑糖、米酒，下鍋煎不用太長時間，撒上一點點七味粉，讓味道更動感。牛小排下面放墊了一塊蘋果，中和牛排肉的油膩，還有番茄、生菜——奶油波士頓，所有的食材相輔相成。

◀ 巨無霸青醬蛤蜊義大利麵

　　親子廚房能快速拉近父母與孩子的關係，「蛤蜊有很多故事，每顆蛤蜊開關都可以密合得剛剛好，因為有卡榫，每個蛤蜊的卡榫紋路都不一樣，如同鑰匙一般，很神奇。」雙爸説，一邊煮飯一邊跟小孩分享，小孩都會覺得很有趣。

　　故事説完，雙爸端上滿滿一盤有 80 顆蛤蜊的「青醬蛤蜊義大利麵」，無論是尺寸還是數量，都是驚人巨無霸級！「如果愛吃蛤蜊的人，除了品嘗美食之外另外一種療癒吧。我會在旁邊放一個桶子，裝滿吃完的蛤蜊殼，成就感暴增。有些媽媽來我這邊參加親子廚房，跟小朋友一起學做菜也是喘口氣，給自己一段放空機會，每個人都需要這樣的黃金時候。」

　　香味濃郁到化不開的青醬，讓人大呼：「怎麼做的？」，雙爸更是毫不避諱説出祕訣：「爆香時加了中式的紅蔥頭，剛好可以凸顯蛤蜊的鮮味，另外還有羅勒、大蒜、帕瑪森起司、白酒等等，收汁濃縮出好味道。」

餓店

蒸氣吐司／厚切蛋餅

噴發黃金熔岩　食物藝術照最好拍

到「餓店」，幾乎所有的人舉起盤中美食，不停用手機、相機幫這塊三明治拍出世界上最美麗的食物藝術照。有會噴發黃金熔岩的三明治——「土石流」；還有把韓式料理放進三明治裡的「泡菜起司辣雞終極版三明治」，幾乎每種餐點都能看到店長與主廚腦力激盪下的創意，引起各地早午餐店競相模仿。還有店內粉紅色系的網美牆、迷你小桌與可愛抱枕，這可是店家刻意布置的單身感呢。

餓店（蒸氣吐司／厚切蛋餅）

📍 新北市三重區大榮街 54 號

📞 02-8988-2966

🕐 08:00 ～ 15:30

📅 公休日　週三、四

來到店裡，幾乎每一張桌子上都會有好幾份讓人驚奇的料理，其中一定有盤店長陳小可與主廚葉訪的發明——「土石流」。

◀ 起司控雙倍豬排蛋

土石流的正式的名字叫做「起司控雙倍豬排蛋」，餐點裡面有兩片超厚里肌豬排、雙倍起司、半熟的蛋黃。為什麼叫土石流？因為在起司半融化之下，配上半熟的蛋黃，切開來後就會出現滾動的黃金瀑布，所以大家就給它取了一個有趣的暱稱叫土石流。

原本陳店長與葉主廚也是喜歡到處分享美食的網友，當他們發明了「土石流」，把三明治疊起來，讓起司與半熟蛋從最高處流下，彷彿是一幅掛在吐司上的金黃瀑布。

除了好玩的視覺感，「起司控雙倍豬排蛋」更是讓老饕們也推崇，主廚把古早味烤肉放進三明治中；加上由日本蒸氣烤箱烤出來的吐司，外酥內軟，增添嗅覺與觸覺的感受，因為蒸汽的效果就是讓烤吐司保有溼潤水分。

　　把韓式料理放進三明治裡的「泡菜起司辣雞終極版三明治」，也是店長與主廚的創意，雖然這種作法不是天下第一個，但，「我們的風味可是獨一無二的」。陳店長説，二人平時總是在外面到處吃吃喝喝，尋找料理的創意來源。有次吃到超好吃的韓式辣雞，「直覺就是要放進三明治裡」，但是他們想把韓式料理的真正精神帶進來，於是在店裡自製的泡菜，就像是真正的韓國媽媽，不僅風味獨具，製作精神、味道也更接近真正的韓國料理。

　　除了自己醃泡菜，主廚使用了韓式的辣椒粉製作辣雞，挑選鮮嫩無骨雞腿肉，要讓每個人都被滿滿肉汁的香辣雞肉給感動。「其實我們都建議大家來點終極版，因為多了一片起司再多一片吐司，吃起來不僅比較飽足感，也更接近韓國把起司入菜的流行吃法。」

　　「我應該是台灣第一個用鴨肉來做三明治的」，葉主廚的「蔥啥櫻桃鴨」很宜蘭，指定用產銷履歷櫻桃鴨，口感汁多肉嫩，還有三星蔥。因為葉主廚是宜蘭人，對家鄉食材瞭若指掌：「櫻桃鴨是從國外引進的品種，原產地在英國櫻桃谷，它的地理環境可以養出優秀的鴨種；而宜蘭的氣候地理環境剛好跟櫻桃谷很相似，可以養出來跟英國一樣的滑嫩口感。」

　　「蔥啥櫻桃鴨」，雖然食材來自宜蘭，創意卻來自法式料理「煙燻鴨胸」，使用義大利經典調味料巴薩米克醋，用微酸的清香甜味，襯托食材的珍貴風味。

◄ 水果茶

是吃水果，還是喝茶？「餓店」最知名的飲品就是水果超 over、喧賓奪主讓客人點茶喝不到茶的「水果茶」。陳店長害羞的笑著：「我只是想給客人滿滿水果的感覺，沒想到客人還關心我們，說這樣會不會沒賺到錢。也有客人開玩笑，直說沒喝到茶，都是在吃水果。」

「基底還是紅茶，而且是百年老店林華泰茶行的紅茶」，怕冰塊稀釋了風味，「餓店」的水果茶不加冰塊，而是自己做的紅茶冰塊，讓客人大喊好貼心。陳店長也說，店內也不使用濃縮果汁，改用自己手作的新鮮水果醬——「龍鳳醬」，火龍果、鳳梨再添加獨門配方，熬煮約 2 小時完成。水果則是大量放入季節水果，蘋果、葡萄柚、檸檬、芭樂、百香果都會出現，至少會 3 至 4 種。

▲ 黑糖拿鐵

「餓店」的飲料不僅有創意，還帶點小小的「餓」趣味，店長與主廚四處找靈感，讓客人拿著骷髏頭杯吃水果，另一個是端著摩艾（Moai）石像喝著黑糖拿鐵！因為葉主廚特別喜歡摩艾，所以去日本復刻的復活島，也是世界唯一授權摩艾的地方，扛回 10 多個摩艾杯。

「別攪散了，攪拌就不好喝了」，黑糖拿鐵底下是沒有加糖的拿鐵；上面灑滿滿甜在心黑糖，底下是苦澀戀情的咖啡，讓你一杯可以喝到兩種口感。另外，這可能是世界少數讓客人用吸管喝的咖啡，陳店長聳聳肩：「因為喝完會在嘴上沾一圈黑黑的奶泡，所以歡迎大家用吸管喝咖啡，讓拍照也能美美的。」

▲ 蛋餅

蛋餅是最近葉主廚一直在嘗試的菜色，新菜色的驚奇更每每佔據眾人 FB、IG 的目光。「起司控必吃蛋餅」是蛋餅裡最受歡迎的品項，一卷蛋餅就包含 3 種起司，有微鹹的切達起士、負責「牽絲」效果的莫札瑞拉起士。重點是豐富又香酥的蛋餅中，還有半熟冒著蒸氣的蛋黃洪流，跟著起司一起在味蕾上肆意奔放。葉主廚說：「店裡使用的蛋是有機葉黃素機能蛋，蛋黃特別濃，才能跟起司的濃郁契合。」

如果想吃最新隱藏版菜單的客人，記得要看掛在門口旁的 menu，其實是彩色洗衣板。例如打拋豬蛋餅、麻婆豆腐蛋餅……，立刻就有人點了打拋豬蛋餅，「真的有打拋豬的味道，酸辣夠勁！」

象座咖啡

สวัสดี! Kamusta!
Apa kabar! xin chào!

南洋藝術帶回台灣

在咖啡杯中看夕陽

劇烈的文化衝突，是激發藝術設計的最好培養皿。在東南亞各國，因為每個國家幾乎都遭受數次殖民統治，法國走了、英國來、英國走了、日本來；統治階層的切換，讓多個發源南轅北轍的民族文化，與在地原住民族的文化衝撞出強烈的爆炸與衝突。如此熱烈的激盪，讓東南亞的藝術風格更顯得與眾不同，「象座咖啡」的老闆，想把這樣優美、深度的藝術搖籃帶回台灣，他選擇三重傳播品嘗文化的滋味。

來到「象座咖啡」，連串的外文讓人傻眼，它其實很簡單，都是「你好」、「สวัสดี！Kamusta！Apa kabar！xin chào！」分別是泰文、菲律賓、印尼、越南的問候語，不過令人驚訝的異國之旅，從進門上 2 樓才開始。

偌大的空間有如到了泰國，吧檯側貼了彩色的台灣傳統花磚、窗上的遮陽簾猶如 50 年代的南歐、天花板掛著的遮陽布幕、一面模仿森林豐富色彩的牆壁，似乎可以一路走進到叢林裡，不再回台北……。

「是不是很像泰國飯店的 lobby ？」眼前這一切都是老闆的設計，幾乎每一個裝置都是特別訂做，甚至連設計師都放棄，自認無法做出這樣的情境；在老闆的堅持下，四處去找人專門製作才得以完成。老闆許又夫，因為業務關係常來回東南亞各國，帶客戶來台灣，總是找不到一個讓客戶放鬆談生意的地方，於是「象座咖啡」應運而生。「我把場地配置成一個方便談生意、辦宣傳活動的場合，可以容納 40 人。」

「喝咖啡要輕鬆，而不是一直堆疊在工業視覺上面」，許老闆對眾多咖啡館的設計提出意見。「東南亞的元素，就是民族文化的熔爐」，很多看似差異極大的藝術、文化元素，在這邊融合起來，然後交織出東南亞風味的咖啡廳。

象座咖啡

📍 新北市三重區重新路二段 46-8 號 2 樓

📞 請洽網路預約

🕐 10:00 ～ 18:00

🗓 公休日　週六、日

太陽蛋起司焗烤厚片 ▶

說到南洋風味的料理，大家不禁想起風味獨特而又炫麗變化的香料，不過這些可以運用在咖啡館的簡餐上嗎？在「象座咖啡」，這些創意得到了實踐，主廚潘柏佑在知名的咖啡店裡工作過 9 年，他不僅善於製作美味的餐點，更能把南洋多采多姿的香料融合在咖啡館各種餐點中。

「太陽蛋起司焗烤厚片」，看起來像個色彩豐富的方形披薩，輕咬一口，驚！各式各樣的香料輪唱合奏，高低起伏的層次感，彷彿身處陽光燦爛的南洋。食材選用手工厚片吐司、有機蛋、主廚特調青醬、新鮮番茄、2 種精選的起司、特配大蒜醬等。軟嫩半熟蛋黃配上溼潤而百味同陳醬料，乘載一切的是酥中帶著細緻的厚片手工吐司。

老闆娘張書瑜說，厚片土司是她從小到大的最愛，所以店內一定要有厚片，還要有特色，潘主廚用香料元素來添加厚片的內容，創作出流行的新鮮感，也符合這家店的風格。潘主廚解釋，會有這麼豐富的味道，來自於主廚特調青醬，其中含有非常多的東南亞香料，有九層塔、羅勒、松子、胡椒……，用奶油來相互融合，上面撒上巴西里混和新鮮羅勒，光是香氣就讓鼻子爆棚。

潘主廚還製作蜂蜜芥末醬來搭配，使用台灣的龍眼蜜，添加一點台灣的感情。「吃起來會覺得酸甜中帶點清爽？」原來潘主廚在裡面，加了一點小黃瓜醬，「放蔬菜進去調配，讓它吃起來比較清爽，第一口當成披薩，不沾醬感受它的原味；吃第二口請沾我的蜂蜜芥末醬，增添味道卻更能呈現繁複香料的小清新。」

棉花糖巧克力烤厚片 ▶

到南洋各國去度假，大家總是會想在小島上，斜躺海灘輕鬆度假，聽著海浪拍岸的濤聲，端起裝滿熱帶水果的飲料啜著。問起潘主廚，什麼樣的餐點最能延伸度假小島的風情？潘主廚回答：「棉花糖巧克力烤厚片」。

「餐點不只有自己想要的味道，還配合這個咖啡廳想要帶給人家的感覺」，「象座咖啡」想營造走入熱帶島國的超脫感，讓人們來此可以靜下心來放鬆，或整理三千惱人思緒；所以這邊的餐點平和不花俏，在東南亞的花草熱情中尋求寧靜。

外表極簡風的「棉花糖巧克力烤厚片」，略為焦色的棉花糖上沒有裝飾，底下的主廚特製巧克力醬可是十分扎實，使用數種巧克力相顧兼容，絲滑口感卻不甜膩，略帶核果香味與黑巧的成熟，展現越級的質感。中間加了巧克力脆餅，不只有香濃，還增添口感，如果想要來點小驚喜，主廚附上奶甜煉乳，口口都有新味。

◀ 象座椰香拿鐵

去過泰國蘇美島看夕陽嗎？從海灘眺望是大海映照千萬金光，結合櫻桃紅、風鈴黃、蝶豆藍……把視網膜渲染了鮮豔，漁舟與島嶼化成項鍊上的珠綴。陽光淡去，換幕而來的是低垂的骨螺紫夜色，讓人沉醉的迷人夜晚。

「象座咖啡」的「象座椰香拿鐵」，潘主廚將小島風情裝入咖啡杯中，把夕陽在海面上的層次感，轉換為三層特調的義式咖啡，最下層是椰奶與特調核果，中間是義式濃縮 Espresso；最上面是奶泡再撒椰子粉。不需要累贅裝飾，飄散的東南亞風情椰香，帶出小島風情的概念跟構想。

李記排骨麵

國大代表湖南菜

老蔣帶來辣肉末

李記排骨麵

📍 新北市三重區文化北路 102 巷 41 號
（正義北路 1985pizza 巷內第一間）

📞 0926-313-133

🕐 11:30 ～ 20:00（售完提早打烊）

📅 公休日　週日

　　「哥在這吃的不是排骨麵，是 Q 彈的歷史與香辣的浪花。」1949 年，是台灣歷史的轉捩點，也是台灣美食的轉捩點。隨著國民政府大撤退，巨商富賈、高官權貴一起到這座美麗之島，也把全中國最頂尖的八大菜系廚師一同帶來。全世界百餘國的文化在此交流，歐美、南亞、日式、台菜與中國各菜系你儂我儂，隨著台灣經濟逐漸起飛後，世界美食之都渾然天成。這一切的峰迴路轉，沒想就在三重這間小店重現它的濫觴。

　　「2 張桌子就開店？」李記排骨麵就是一間隱身三重市街的「巷仔內」小店，店小卻人多，還會完售提前休息，那天特別起了個早，搶到好時機來慢慢品嚐，「今天阮搶到就算阮好運。」遠道而來品嚐美饌的朋友要早早來，才不會被巷仔內的鄉親「用新台幣下架」囉。

　　「李記排骨麵」老闆李建霖的好手藝，來自媽媽、李張玉英，她從小在家裡學湘菜、川菜、江浙菜，練出一手能辦桌的好手藝，但是學習的環境卻與一般廚師大有不同，她是一位任姓國大代表的義女，李張玉英回憶過往：「我有兩個乾爹，就是任代表兄弟倆，乾爹（弟弟）會煮一手好菜，我在廚房看著有趣，想學煮菜乾爹卻不肯教，他說女孩子嫁一個好老公就好，我只好偷偷看、偷偷學。」

　　「有一次乾爹（弟弟）不在，家裡的人要吃飯怎麼辦？我自告奮勇說我會煮，家人吃了以後說，每個都稱讚，從此以後就常常讓我下廚。」李張玉英說，有一次家裡來了 30 幾個人，她還能端出自助式的 10 幾道菜，直到後來嫁出去，丈夫家是三重人賣水餃的，她就煮湖南菜、四川菜一起賣。兒子李建霖也傳承了她的勤奮努力，把來自乾爺爺、父親、母親的手藝，融合發揚，這一脈相承的手藝，養活了三代人；而這個故事，還要繼續用一碗排骨麵寫下去。

　　説起肉末，心目中可能出現的是泰式打拋豬肉，或者是放在麵裡的滷肉燥？「青辣椒肉末」、「紅辣椒肉末」完全不同，是台灣平時吃不到的道地外省味。「青辣椒肉末」是辣中帶嗆，無論在牛肉麵、排骨麵裡加上一匙，馬上變身辣出耳油的湖南料理。如果是加一匙「紅辣椒肉末」，噴香辛辣，是讓人忍不住埋頭大吃的江浙料理。

　　肉末有品質的要求，必須用整塊胛心肉絞碎，不能用一般肉攤的絞肉。辣椒切碎拌炒，放冷藏熟成後，才加上肉末、大蒜炒製而成。「鹹辣是湖南爺爺的料理風格，現在已把辣度、鹹度調整過」，李老闆彷彿沉浸童年中：「做菜是一種回憶，小時候吃到肉末的印象非常深刻，太特殊、非常辣非常鹹，是湖南爺爺跟著老蔣，把這些料理帶過來的。在做菜的時候，我只想把食物做到最好，用菜回憶爺爺。」

排骨麵（招牌）▶

　　「排骨麵」是店內最暢銷的品項，香酥的現煎大塊炸排骨、肉醃的入味，肉的厚薄恰好，大口咬下，肉汁慢慢地從嘴角溢出，鹹中帶著微甜，不覺夾起再咬一口。內心的小聲音：「不就是我心中那塊朝思暮想的排骨嗎？」稍等，這比我夢想中的味道更夢幻啊。

　　老闆李建霖笑著説：「我很愛吃排骨，但是小時候一年吃不到幾次。自己開店就想天天煮給自己吃，實現童年老吃不到排骨的夢，但是重現幾十年前的味道很難很難。剛開始只有我自己空想，最後還是請我媽出手調味，那種甘醇又藏點微甜、鹹淡剛好的排骨，才被我找到了。」

薄片 QQ

薄片 QQ ▶

「老闆 QQ」、「老闆 QQ 喔」，每到夏天，小店就會出現「QQ」的人潮，不是講「老闆哭哭惹」，是夏日最暢銷小菜「薄片 QQ」的意思。「薄片 QQ」菜如其名，又薄又 Q。對著燈可以透光，咬在嘴裡彈力十足，在牙舌間活蹦亂跳不肯輕易被齒輾磨碎，咬到了立刻感到真的好彈牙啊。怎麼做出來的呢，難道是裡面有了美食的靈魂？

「完全是想像的！」李老闆眼角有淡淡風霜：「這是我爸爸教我印象最深的一道菜，他只說一句：『我要吃一個捲起來的東西，口感要 Q 的、作法用滷的、看起來透光，要給我想出來』，我回答好，可是腦中一片空白。我跟媽媽討論後，覺得材料是豬皮，於是我開始不停嘗試。第一次端上桌，爸爸拿起來看了一眼：『不透光』，然後就像飛盤一樣把整盤 QQ 射出去。」

「經過 4、5 次嘗試，我爸爸這次沒把 QQ 射出去，拿給我哥：『吃吃看』，我哥吃一口說不對，不夠油、不夠香、不夠鹹。一切都是自己在廚房想破頭想出來的，每次試菜都是壓力，我信心滿滿拿過去，他們有時候連吃都沒有，外表不行的就整盤丟了。」

一盤 QQ 需經過繁複的 7 道手續才能上桌，「烤、刨、捲、煮、冰、滷、凍」，每一道工序都是為了讓它更鹹香耐嚼，每次做這道料理，李老闆總是抱著敬畏的心：「這是我跟爸爸最緊密的聯繫吧。」

中華路

三民街

重陽路二段

中正北路

大仁街

10 18

09

新北大道一段

新北大道一段

重陽路一段

1

過圳街31巷

重新路三段115巷

14

菜寮站

重陽路
一段113巷

三寧街

16

12 15

過圳街

過圳街7巷

光明路

三陽路

重陽路一段43巷

重安街

13

104

11

重新路四段

17

經貴公路

09 山羊城
全羊館（總店）

📞 02-8982-8986
📍 重陽路二段 25 號

10 A 師傅
烤肉飯

📞 0916-185-877
📍 大仁街 62 號

11 法米雅咖啡

📞 02-8988-2755
📍 重陽路一段 43 巷
27 號

12 佳福雞肉飯

📞 02-2988-1969
📍 重陽路一段 105 號

13 咱們三
複合餐坊

📞 02-2977-7115
📍 光明路 52 號

14 肯諾尼亞
咖啡・美食・選物

📞 0987-699-777
📍 重新路三段 115 巷
18 號

15 ㄅㄉㄟㄎ
創意麵線

📞 02-2984-5962
📍 過圳街 42-16 號

16 波波里
創義料理

📞 02-2983-2427
📍 三寧街 4 號

17 Ticket 鐵匙
鐵板吐司

📞 02-2970-6978
📍 重安街 56 號 1 樓

18 阿囉哈
專業炸雞

📞 0978-510-229
📍 大仁街 62 號

山羊城全羊館

總店

獨門家傳羊肉嫩　尋得絕配萬里香

山羊城全羊館（總店）

📍 新北市三重區重陽路二段 25 號

📞 02-8982-8986

🕐 16:00 ～ 02:00

📅 公休日　夏季

　　羊肉爐是台灣秋冬重要的養身補品，也是讓世人一吃再吃、都不厭倦的冬季美食。山羊城羊肉爐以羊肉批發起家，以業界數一數二的食材挑選能力，標榜幾乎無羊騷味的鮮嫩澳洲野生羔羊，爭奪三重競爭激烈的美食桂冠。山羊城全羊館總店的店長、蔡奇儥，了解創新才能符合年輕人口味喜好。店內 3 種主鍋：「紅燒羊」湯頭味甘濃郁、「蔬菜羊」湯頭鮮甜清爽、「麻辣羊」湯頭香麻帶辣，鍋鍋不凡。

　　山羊城使用的羊肉都是澳洲羔羊，由於澳洲採取放牧，羊肉精瘦不油膩。店長阿儥解釋：「台灣羊肉因為活動量少，肉質油肥，其實並不適合做羊肉爐，兩者的差異可以說是飼料雞跟放山雞。」由於山羊城早期還是自己屠宰，店長阿儥對於羊肉的處裡非常精熟，掌握去除羊騷味的祕訣，「除了使用太監羊，屠宰時必須將腺體去除乾淨，讓羊騷味幾乎降到零。」

▲ 麻辣羊

　　阿儥對客人抱持著相當熱忱服務的心，可以從店裡的每一處細節中看出。面對店內高朋滿座，他不因此滿足；有次阿儥看到客人害怕羊肉味，於是花了 1 年多的時間，走遍各地拜訪料理界的山頭，學習做出正統川味、麻香兼具的麻辣羊鍋。配合店內原本就有的蔬菜羊肉爐，開發出可能是世界獨一無二的「羊肉爐鴛鴦鍋」、從此便成為山羊城全羊館重陽店的招牌料理。

　　「辛、辣、香、麻！」阿儥以四川郫縣豆瓣醬來做基味，小火翻炒，加入 20 幾種中藥、5 種的辣椒，一開鍋，充滿川式風味的湯頭引人垂涎。麻辣鍋的吃法也接近台式麻辣鍋，鍋中除了放牛肉、豬肉、羊肉之外，還推薦放紅燒羊肉。」

紅燒羊 ▶

山羊城羊肉爐對於喜愛羊肉爐的人們來說，相當不同。當服務人員將紅燒羊肉鍋端上桌，傳統台式香料的香氣流瀉感染到四周；這種魔力般的味道來自於有數百年歷史的台菜做法：先熱油把老薑、蒜頭慢火煸香，再加入獨家中藥配方。所以光是喝湯，就會有味蕾飽足、舌根回甘的感覺。紅燒羊可以網購，不過吃現場還可以放香菜幫忙提味，多一點清爽。

紅燒羊肉鍋還有一項重點，就是佐料——豆瓣醬。阿償跑遍全台，尋找心目中的「黃金豆瓣醬」，結果在一間基隆的老店中發現了前所未有的扎實香氣。一般的店家豆瓣醬大概是發酵 3 到 6 個月，這間老店會發酵將近一年左右，所以豆醬的香氣更深沉。店家拿到豆瓣醬後也不是馬上給客人吃，山羊城還會經過後製的手續，加麻油、糖、辣椒、獨家香料，再調理過才上桌。

蔬菜羊 ▶

而蔬菜羊肉湯，以「幾乎 0%」羊騷味的帶皮澳洲野生羔羊來做湯頭，經完整去骨，加入大量的甘蔗、蔬果、白菜、冬瓜、水果玉米去熬，為了得到略帶焦糖甜香的味道，甘蔗必須拍碎然後火烤，把裡面糖分逼出來。熄火後放置一晚熟成，隔天再煮滾，如此便能榨出所有的好味道。

鴛鴦鍋的吃法也與一般羊肉爐不同，較為接近一般火鍋；紅鍋（麻辣鍋）部分可以涮牛肉、燙豆皮等，老饕們最推薦的吃法是涮「PRIME 頂級黑安格斯翼板牛」；還有必點的羊肚、青菜、海鮮、火鍋料等。點鴛鴦鍋店家會提供去骨帶皮羊肉一盤、麻辣鴨血、豆腐、菜盤等，其中帶皮羊肉非常適合放在蔬菜鍋中，店家已切好一口吃的大小，相當體貼女性顧客；羊肉燙好後，品嘗起來肉質軟嫩豐腴、湯頭甘甜帶底蘊，讓人吃了好驚豔。

◀ 羊三層

鎮店之寶「羊三層」，口感軟嫩程度有如果凍，羊肉幾乎入口即化，燉煮的鹹香完全浸透，食用時不需要多餘佐料，適合所有年齡層的顧客，特別是小朋友跟銀髮族。幾乎無羊騷味的肉質，讓當日的餐點化身天堂享受，是店內阿償推薦單點的菜色第一名。這道料理使用小羔羊的腹脅肉，先去骨頭然後川燙，文火慢燜近半個時辰，做法類似最高檔的牛排。

羊腳筋 ▶

山羊城全羊館總店的招牌料理多又多，其中之一是「羊腳筋」。店長阿償表示：客人的最高紀錄，一個人點了 5 盤羊腳筋，而且他吃羊肉爐只配羊腳筋。山羊城全羊館也有網路宅配，店長阿償補充，羊腳筋也是最多人加購的選項。如果沒辦法來店裡享用，也建議大家網購山羊城羊肉爐禮盒。

羊腳筋的部位也叫做羊大骨，小腿的位置有塊靠近膝蓋活動關節的地方，那裡筋的膠質會特別多，也特別大塊。「它的吃法也特殊，為了讓腳筋軟黏好吃，一端上桌建議先煮，口感黏黏的，會有膠質黏你嘴巴的感覺，咬下去會黏你的嘴。」

◀ 小麥纖維

山羊城全羊館總店有一種獨家配料「小麥纖維」，是別家找不到的特殊火鍋料，「丟進去羊肉鍋內吸收了湯汁，會變得很有嚼感，吃起來一絲一絲的。」店長阿償說：「這是我爸發明的，吃起來像豆皮又像麵筋，介於兩者之間，每個人都覺得口感很特殊。」

麻 辣 貢 丸 ▶

「紅燒羊肉湯配麻辣貢丸，是羊肉爐最潮新吃法」，為了開發新口味，店長阿償幾乎年年花好幾個月的時間籌畫新產品，而最新的就是「麻辣貢丸」。阿償開心的解釋：「我找了很久才發現，找到一個專門做貢丸的，跟市面上其他貢丸不同的地方是，那股微微麻辣的感覺，真是讓人食欲大開。那一天我已經吃飽了，一聞到麻辣貢丸，驚為天人！本來有點想睡，馬上頭腦清醒了，眼睛為之一亮，吃飽還會覺得好吃，讓我印象很深。」

A師傅
烤肉飯

專業燒烤職人掌廚

最划算雙烤肉主食

A 師傅烤肉飯

📍 新北市三重區大仁街 62 號

📞 0916-185-877

🕐 11:30 ～ 20:00

🗓 公休日　週日

什麼烤肉最好吃？當然就是別人烤，我來吃最好吃！每次朋友相招烤肉，常常衣服都是燒烤臭味，自己又餓又累，肉也沒吃到幾塊。想到燒烤店找店員桌邊服務⋯⋯好貴！皮包淌血啦。「A師傅烤肉飯」提供愛吃烤肉的朋友最好的解決方案：好吃又大份的烤肉、專業燒烤職人服務、最新鮮的食材，最棒的是天天可以吃（休日除外）！店內還提供雙烤肉主食，比一盤烤肉還便宜！太划算了。

大仁街南聖宮前，是老三重的中心，附近餐廳、美食多如繁星，到當地打聽哪裡有好吃的燒烤？大家竟然不約而同指這間：「前面那間 A 師傅啊，就那間烤肉飯又香又好吃，還很便宜。」

「A師傅烤肉飯」的老闆小 A 是餐廳廚師出身，曾在知名日式居酒屋擔任主廚，各種烤物的火候拿捏、食材挑選、香烤醬汁調味都難不倒他。也是因為自己特別愛吃烤肉，夢想就是開一間專門的燒烤店，並且以自己最拿手的烤肉作主角，加上 2 位妹妹全心來幫忙，三人同心，「A師傅烤肉飯」應運而生。

烤肉香味人人都難以抗拒，尤其在冒煙半熟的五花肉上刷烤肉醬，更是讓人迫不及待拿起筷子，向火爐進攻！不過在「A師傅烤肉飯」，恰到好處、油亮汁豐的烤肉不需要自己看著火爐，只需要看一眼菜單，香噴噴的各式燒烤就送上桌。

老闆小 A 說：「烤肉的香氣是最獨特的，我要挑戰跟別人不一樣的便當」，通常外面的便當店都是炸排骨、炸雞腿；相較之下烤肉其實有很高的門檻，因為從生肉要烤到好，眼睛必須要一直留意烤台上的變化，隨時準備翻面，身體也被爐火逼出滿身汗。炸雞腿、炸排骨，肉放進油鍋後可以利用定時器控制火侯，還能分神準備別的食物，過程相對輕鬆。

▲ 烤鹹豬肉飯

小 A 最推薦的是 CP 值超高的牛五花，不過第二推薦的美食，恐怕又讓大家陷入「選擇困難症候群」，小 A 大聲說，當然是烤鹹豬肉飯，這個答案又讓人碎念：「真猜不透你」。

只要一說到鹹豬肉，幾乎所有的美食饕客都會直接聯想是到鹹香夠勁的客家菜。

「A 師傅烤肉飯」的鹹豬肉也有這樣的功力。為什麼要選擇烤鹹豬肉呢？小 A 解釋，開店也要提供足夠的種類讓客人挑選，不能只有牛肉、豬肉及烤魚，而且這是自己最愛吃的烤肉品項。

因為小 A 堅持店內不賣半成品做的料理，鹹豬肉一定要自己醃製，每天一大早出發去菜市場嚴選新鮮材料，成了小 A 姊妹們每天必做的功課。

「烤鹹豬肉相對一般烤肉，做工要複雜許多，外面賣的鹹豬肉可能有添加一些防腐劑，才能放很多天。」小 A 透露，使用自己研發的獨門香料醃製，一塊鹹豬肉需要花 2 天才能醃到入味，之後還要稍微炙烤上色，延長他的保存期限，這是利用高溫消毒殺菌，因為手作鹹豬肉不能久存。「看到客人吃的美味又開心，重點是健康無價。」

▲ 烤牛五花飯

來到小 A 的攤子前，招牌烤肉、烤香菇、烤鹹豬肉、烤鯖魚……，眼花撩亂了嗎？先請教老闆，最推薦哪一種？小 A 毫不猶豫回答：「烤牛五花！」

「A 師傅烤肉飯」的烤牛五花，使用品質好又適合煎烤的翼板肉（Flat Iron），由於含有許多筋絡及油花，吃起來軟嫩適中，是牛肩中較軟的部位。小 A 說，店內使用是牛排品質的翼板肉，特色是價位中等，但是烤出來油花會有一種難以抵擋的香味，特別受到年輕人喜歡。用這麼好的烤肉，加上 Q 彈白飯、配菜組合成便當，價格竟然是超親民的銅板價——70 元，難怪是馳名八荒的招牌燒烤。

烤 雞 腿 飯 ▶

　　相對於坊間許多烤肉飯都是使用鐵板來代替烤爐，「Ａ師傅烤肉飯」貨真價實使用烤爐來製作烤肉，絕對童叟無欺。每一種便當都飽含讓人食欲大開的燒烤香氣，無論是招牌烤肉、香腸、秋刀魚、香菇。但是如果饕客們點的是烤雞腿便當，除了享受燒烤香，還能享有與其他的烤肉完全不同的風光美景——「光亮細緻、閃閃動人的雞腿！」，饕客：「這不是烤雞腿嗎？怎麼會有油雞腿的光澤？」

　　原來這又是老闆小Ａ的獨門絕活，他融和了大餐廳的醬汁祕方還有作法，將飯店中動輒近千元的烤雞餐，放進自己的便當中，還標上佛心的正常便當價，百元不到的烤雞腿飯，自然是店內的人氣王。

　　小Ａ表示，烤雞腿要先滷再烤才會好吃，滷到熟就撈起來，讓雞腿帶有滷汁的香味，但不會蓋過烤肉汁的味道。客人吃的時候不只感受到外層的烤肉香，肉中也有滷汁的鹹香，給客人雙重享受。

法米雅咖啡
Famiglia Café

如回家般溫馨　義式創意料理

法米雅咖啡

📍 新北市三重區重陽路一段 43 巷 27 號

📞 02-8988-2755

🕐 11:30 ～ 21:00

📅 公休日　無

　　來在三重火紅到不行的美食名店「法米雅咖啡 Famiglia Café」，打開菜單名字都很義式？原來是全世界正流行的義式創意料理。主廚應爵安畢業於「名廚搖籃」國立高雄餐旅大學，再參加藍帶廚藝學院進修。店內無論是甜點、咖啡、餐點，視覺味覺都讓人驚豔。在法米雅，特別能感受如回家一般溫馨自在，還有家人般的貼心照料，原來店名已經揭露，「Famiglia」就是義大利文「一家人」的意思喔。

　　在「法米雅咖啡 Famiglia Café」，主廚應爵安首先推薦人氣海鮮料理，因為這是主廚最花心思的地方之一，「我們都在魚市一開市去搶購最新鮮的魚貨，每次都是凌晨 1、2 點去。」

　　「去完市場會被身邊的人嫌身上都是魚腥，洗車時候後車廂一打開，洗車的人很直接：『你的車好難賺』、『你賣魚的喔』，哎！」應主廚解釋，學料理要從判別新鮮食材開始，一般人買魚看魚眼、魚鰓，用手指壓一壓魚肉；廚師們會多一個動作「聞」、「聞魚鰓」，因為魚開始不新鮮，魚鰓最先腐爛。

● 檸香炙烤松板豬

聽到炙烤豬肉，大家腦海裡浮現，總是沾滿鹹甜褐色醬汁。「法米雅」的「檸香炙烤松板豬」，檸檬淡雅清香與甜美帶些許脆彈的肉片，讓饕客們大口品嘗吃到盤底朝天。應主廚介紹：「我們選用幾乎沒有豬肉味的西班牙松阪豬，雖然價格昂貴，但是調味可以很簡單，無論所有的時刻，都能享受食材本身的應有的鮮美。」

「我們只要檸檬的芬芳，所以只有些許檸檬皮，完全不加檸檬汁。就算松板豬本身的油脂較高，也不油膩。」旁邊還放上小金桔，這可不是裝飾品，擠取少許金桔的果汁與果肉，放在肉上面，吃完後嘴巴會感覺很清爽、完全沒有負擔。

松阪豬是饕客們取的別稱，取自豬的頭頸間，是口感最佳的部分，媲美國外的「霜降」、「松阪」等級的肉品，肉質甜美而不膩、瘦肉不澀且嫩中帶脆，有著不輸松阪牛的口感。

▲ 韓式辣味雪花牛佐綠森林

「法國料理也會用醬油嗎？當然會，有名的地獄主廚戈登也會用。」應主廚形容，美味的東西不分國界，這是無國界料理的精髓之一，當他在藍帶廚藝學院學習時，也會用台灣的食材，或是中式料理的調味料。

「韓式辣味雪花牛佐綠森林」用美國 choice 等級牛五花切成薄片，調配主廚特製的韓式辣醬下去醃製，入味後高溫炙烤，上桌前搭配生菜、洋蔥及番茄。猛一口以為味道很重，吃完後卻很爽口，令食客們好驚豔。應主廚解釋，味道獨特是因為自製的韓式辣醬，加了水梨為主的燒烤醬，調和一起，能賦予舌尖深處的細膩甜香。

■ 西西里風酥炸海鮮拼盤

吃義式料理的時候，偶爾會在菜單上看見「西西里式」料理，請問是什麼意思呢？應主廚説出專業的回答：「西西里是義大利南邊的一個島嶼，有很多很多新鮮的魚貨，當地廚師擅長用簡單的調味方式呈現，我們簡稱西西里風。」

外食吃習慣，總是以為海鮮應該香辣夠味？是不是也能清爽甘甜，吃到食材天然的味道？應主廚炮製「西西里風酥炸海鮮拼盤」，用上最新鮮的現流透抽以及白蝦，只輕微的裹上少許麵包粉，僅僅用鹽巴、胡椒調味，再搭配主廚特製塔塔醬，海鮮味道更提升。

◀ 英式三層宮廷午茶套餐

與戀人約會、找閨蜜談心，總少不了高級飯店的下午茶，但是 2 杯咖啡加個點心價格破千？應主廚說出心聲：「三重就是要推平民價錢，讓所有人可以輕鬆地吃到。」英式三層宮廷午茶，第一層是鹹點、第二三層是甜點，三明治、法式烤布蕾、奶酪、馬卡龍等，都是自己做的，價格也很平實。

琳瑯滿目的純手工點心，彷彿縮小的藝術博物館。餅乾、法式酥餅、台式的芋頭蛋糕、手工巧克力蛋糕，還有純手作的奶酪。三層宮廷午茶看似簡單，卻是點心中工作量多、複雜度高、成本高。以往因為沒有利潤，三重少有人想做這件事情，假如今天想找一些感動、浪漫陪你過下午，歡迎來到「法米雅咖啡 Famiglia Café」。

翼板牛肉佐法國牛肝菌燉飯 ▶

牛肝菌是一種稀有，而單價非常高的菇類，乾燥後的牛肝菌菇有著濃郁的獨特香氣，也是讓全世界廚師瘋狂的美味野菇。應主廚選用法國乾燥進口的牛肝菌，泡發之後直接做成醬，加入做成燉飯。濃郁的牛肝菌香氣，與現炒白醬一起做結合，鋪上翼板牛小排，點一顆水波蛋，滑順、濃郁的蛋黃呈現畫龍點睛的效果。

◀ 日本櫻花蝦佐法米雅 XO 醬扁麵

中國清朝官府菜的譚家菜，其創始人譚青曾說過：「有味者使其出，無味者使其入」，成為中國各家名菜遵循的名言，也是「法米雅」應主廚做菜的理念。「日本櫻花蝦佐法米雅 XO 醬扁麵」使用體小味厚的日本櫻花蝦，輔以自製風味濃厚的 XO 醬炒義大利扁麵。應主廚解釋：「麵本身只有小麥的香味，沒什麼味道，我要把 XO 醬的味道炒進去，這就是『無味者使其入』；然後 XO 醬的味道、鹹香要炒出來，『有味者使其出』。我使用的介質就是高湯，先把全部的味道都釋放在這鍋子裡，然後再濃縮到麵體中。」

佳福雞肉飯

天天超級新鮮　天天精彩可期

在台北，想要買個有機蔬菜做的便當，肯定是要 2、3 百元之譜；到了三重重陽路一段的「佳福雞肉飯」，老闆娘是虔誠的基督教徒，店內所有使用的蔬菜大多是教友種的有機蔬菜，每日直送超級新鮮，做成的料理特別甘甜。只有蔬菜嗎？當然不只，還有大餐廳才買得到的深海旗魚骨，熬煮做成味噌湯；還有現宰雞、溫體豬……，用最負責的態度做出多種便當，周一吃到周六天天精彩可期。

佳福雞肉飯

📍 新北市三重區重陽路一段 105 號

📞 02-2988-1969

🕐 10:30 ～ 20:00

📅 公休日　週日

老闆娘高夏芬是典型的新住民，從杭州嫁來台灣，生了 2 個活潑可愛的小孩；為了幫忙丈夫繳房貸，開了間小吃店——「佳福雞肉飯」，一家人可以在這裡甜蜜的吃飯，不用多餘伙食費，公婆也一同幫忙。看似是童話中的王子與公主，從此過著幸福快樂的生活，沒想到在瞬間崩解。

「前夫外遇，這麼努力撐起的一個家，整個世界一夕之間好像都沒了，我就只帶著小孩跟一個包包離開那個我最愛的家。」老闆娘高夏芬委婉說出她的故事，雖然多年過去，臉上似乎還有些不捨，「我曾經得過憂鬱症，吃藥吃 2 年多，有次差點從 12 樓跳下去，都是靠教會的教友一起幫我祝福，才有今天。」

「我給客人吃有機無農藥蔬菜，都是一對教友夫妻種菜拿來的，只收少少的錢，真的是好青菜。」老闆娘說，因為自己跟孩子都對味精過敏，她的理念也是希望客人吃到的料理不要有太多添加物，第一個就是菜園品質必須能掌控。

身為過來人，當自己站起來，也希望幫助其他需要的人；高夏芬參加「財團法人仁安社會福利慈善事業基金會」的寒士吃飽 30 愛心餐券，一個月捐 30 個便當給弱勢家庭。「三重很多弱勢家庭，我希望可以幫助更多的人。」

▲ 雞肉飯

台北賣雞肉飯的店家不少，每天自己焢全雞，自己做雞肉絲的店家寥寥可數，「佳福雞肉飯」便是其中之一。老闆娘天天去菜市場買下 15 隻全雞，自己做雞肉絲，「我家的雞肉會比別家扎實，因為一般雞肉飯做雞肉絲用撕的，湯汁流失掉；我是用手工切，才能做出有口感的雞肉飯。」

「用撕的時候細絲比較多，咬起來有點膨膨鬆鬆的感覺，沒有嚼勁。店內作法用切的，吃的時候不只扎實，還有肉汁甜味。如果改用機器去切，雞肉拉扯後，會讓湯汁流失掉。」

老闆娘解釋，「坊間大多數雞肉飯吃起來沒有雞肉的味道，因為用的是火雞，火雞一隻就 25 斤以上，肉多但是非常硬。店裡改用現宰台灣雞，肉質嫩多了。」

雞腿便當 ▶

辦公室最愛的便當是哪一種呢？在地普查後獲選者是男女都愛的雞腿便當。老闆娘料理雞腿，採用先滷後炸，而且不裹粉，簡單作法味道卻餘韻久久。「滷雞腿的醬油一定要好，才可以吃到肉的甜味，只要加一點冰糖，胡椒粉，不用再放其他多餘的調味料。坊間小餐館很多都是用 60 元一大桶的醬油，我用的壺底油要 200 元，差價超過 3 倍，客人有心一定吃得出不同。」

老闆娘：「我堅持用台灣本土產的雞，雖然斤兩不如進口雞腿大隻，但是皮薄脆口、肉甜回甘，成本貴也值得。」

獅子頭 ▶

便當店也吃得到杭州名菜？「佳福雞肉飯」的老闆娘來到台灣打拼多年，偶爾也想起家鄉菜——「獅子頭」，於是決定分享給大家。她拿起獅子頭：「杭州家鄉的跟台灣有什麼不一樣，就是比較綿密比較大顆。」

老闆娘些許改良家鄉的做法，使用肥瘦比 3：7 的豬絞肉，配上好醬油、蒜、薑、蔥等辛香料，用純手工打出黏性與彈性，做出比台灣大一倍的獅子頭。冰箱冰一個晚上定型後，先炸再滷，做出純正杭州家鄉料理。「我的家鄉菜好受歡迎的」，老闆娘表示，如果過年沒回大陸，還會煮東坡肉做年菜，想試試純正杭州菜的食客可要把握機會。

獅子頭

▲ 排骨便當

最獲鄉親好評的，當然是庶民美食排骨飯！台灣勞工的好朋友，不是維士比、保力達，而是排骨飯喔。老闆娘的特製招牌炸排骨，每天早上去菜市場採買的溫體黑豬肉，而且老闆娘非常貼心，採用無骨豬排，醃漬一天入味，想快速上工的朋友可以不用「蹭」骨頭啦。

整片肉排只裹上薄薄一層麵包粉，不是因為老闆娘省錢，是粉會吸大量的油，對外食的朋友的健康不好。也堅持不用坊間肉商醃好送來的肉排，因為不知道廠商加什麼化學調味料、防腐劑。另外便當配菜也很重要，「佳福雞肉飯」幾乎每天變換菜色，天天吃也不撞菜。

▲ 黃金咖哩飯

黃金咖哩飯是店內內用的熱門人氣料理，客人都說：「因為蔬菜很甜啊」。咖哩上面的蔬菜是紅蘿蔔、馬鈴薯……，老闆娘詳細解釋，都是用教友種的有機蔬菜，季節不對時才會用市場採購的紅蘿蔔、馬鈴薯。「有機紅蘿蔔真的特別甜，加上半筋半肉的現宰溫體豬」，甘辛豐富的咖哩層次，不刺激又溫和的軟嫩，收買不少饕客的心。

咱們三
Zumen3

歡樂氛圍早午餐
好友相聚甩壓力

想到 brunch，就是睡到自然醒，揪好友約吃飯聊一整天，還是跟同學耍廢一下午，更是找三五好友來補充生命活力的好地方。溫和的下午陽光斜拉開一片光幕，美好的一天才正要上場表演，或許你正在憂愁要去哪？走進捷運菜寮站旁的小巷吧，來一段都市裡的祕境探險，或許會找尋到新的傳說？或是莫名契合的邂逅。再不然，在 brunch 大吃大喝美食，也有收穫滿腹。

咱們三

📍 新北市三重區光明路 52 號

📞 02-2977-7115

🕐 平日 09:00～16:00
　 假日 08:30～16:00

🗓 公休日　週二

三重光明路的老街裡，瀰漫一股懷舊的散步氣氛，40 年的老理髮廳、50 年的老柑仔店，行人三三兩兩，步調一派輕鬆，連機車的速度也降到 30 公里。雞犬相聞、鄰里和睦的場景中，不自覺染上慵懶氣氛，而「咱們三」正座落其中。

取名「咱們三」，因為有 3 位年輕世代，店長方鼎文與老婆加上小姨子，一同開創的早午餐店。因為三個人喜歡分享生活上的東西，也相互分享美食，方店長說：「喜歡分享不如就分享給所有人，其實開店的理由中，有一部分很隨興，我喜歡聊天，老婆愛吃火鍋，小姨子喜歡吃早午餐，只是開火鍋店門檻高一點，所以『咱們三』就開業囉。」第一次來到「咱們三」的朋友，首先會感受到這裡沒有拘束、沒有壓力的聊天氣氛，方店長笑說：「常常有併桌的客人聊起來 最後變成好朋友喔！」

為了打造出美好的用餐體驗，讓餐點也成為朋友間聊天的好話題；三位開業的老闆們在料理上，下了許多苦功。在這裡可以吃到獨特的酪梨雞肉堡、特別打造的獨家水蜜桃漢堡、絕對美式風味的花生牛肉漢堡……等而且分量驚人，常來的朋友還會發現不時有新菜單推出，或是更新料理手法帶來好味道。

餐點獨特又分量驚人？那「咱們三」的價拉是多少？拿著標價最高才 NT$250 的菜單，方店長笑笑著說：「利潤不多，但是『咱們三』堅持的是用心，將心比心，不是利潤。希望透過食物，讓客人感覺到我們的努力，像是料理流程的調整，就算一次上十道菜，每一道都同樣熱騰騰現做。烹飪的技巧手法，我們也在持續練習，有時拿著鍋子練習練一晚上，隔天手舉起來都會抖呢。」

◀ 匈牙利國王雞腿拼盤

在「咱們三」，CP 值破表第一名絕對是「匈牙利國王雞腿拼盤」，端上桌客人們馬上大喊：「哇，吃不完！」咬一口卻又失控吮指大吃。7.5oz 以上的超大塊匈牙利雞腿肉、手工製奶香吐司抹招牌醬、美國脆薯、美式炒蛋、堅果沙拉。一口雞肉配一口沙拉，再換吐司、脆薯、炒蛋，無論哪種組合，一同交錯出 brunch 好味道。

一般 brunch 都走美式風，但「咱們三」卻是歐陸路線，厚實大塊的雞腿肉切片，濃厚香甜多汁。方店長説：「雞腿最受客人歡迎，先用蒜、酒醃漬，然後大量使用匈牙利紅椒粉，還有義大利香料、多種異國香料混和，最後加一點迷迭香點題，所以烤出來才有這麼濃的歐洲風味。」

另一個焦點是手工製奶香吐司抹招牌醬，看似簡單四片吐司，品嘗時卻讓人印象深刻，牛奶香與起司味均衡交融，原來招牌醬是用乳酪醬當基底，不管在嗅覺上、味蕾上，吐司都能與雞肉、脆薯、炒蛋做搭配。

義式番茄羅勒鮮蝦麵 ▶

「義式番茄羅勒鮮蝦麵」，若是只看菜單，客人腦袋裡浮現的，可能是番茄蝦仁炒麵？其實有四隻香氣暴衝的雄偉草蝦，還有「咱們三」自製融合了蝦子天然鮮味的紅醬。方店長説：「許多人吃過這一道菜後，都會問我紅醬是哪裡的配方，這可是 100% 完全由店裡手作的醬汁，外面買不到，請來這裡吃喔。」

仔細問了方店長，「咱們三」裡面所有的配料醬料，像是紅醬、肉醬、塔塔醬、芥末子醬、蜜桃醬等，都是自己調配的，方店長豪氣的説：「雖然我們不是專業廚師出身，但是每一個味道都是自己想出來，研究找做法做出屬於我們的味道，這樣就能隨食材的特性調整。偷偷告訴你，這道菜有用鯷魚提鮮，攪碎拌在麵裡，所以海味十足喔。」

「義式番茄羅勒鮮蝦麵」香氣暴衝的祕密就在大草蝦上，採用高檔義大利餐廳的料理方式，蝦子修剪剖開，熱油爆香後把蝦味完全拉出來，再跟醬一起熬煮，醬汁會飽含鮮蝦爆香的味道，呈現完美融合。

▲ 田園煙燻鮭魚奶油寬扁麵

「田園煙燻鮭魚奶油寬扁麵」，雖然口味屬於清淡，因為使用白酒嗆香蘆筍與甜椒，竟然能表現層次豐富的味道。而且在擺盤上，也下不少功夫，配上風味十足的冷燻鮭魚，配色視覺強烈，讓人食欲大開，喜歡吃煙燻鮭魚的人不要錯過。

方店長聳聳肩：「我們店裡好東西真的太多，像是魚排堡，特別用牛奶去醃製，酥炸後軟嫩又濃香。大家會發現有幾款漢堡麵包用波蘿麵包代替，這是特殊的波蘿，外皮酥又帶奶香。還有特製蜜桃醬，太多説不完的。」

肯諾尼亞

咖啡 · 美食 · 選物

電影美食吃得到
隱身巷弄的歐洲小餐館

肯諾尼亞（咖啡．美食．選物）

📍 新北市三重區重新路三段 115 巷 18 號

📞 0987-699-777

🕐 週一至六 11:00 ～ 20:00
　　週日 15:00 ～ 22:00

🗓 公休日　無

「中國五千年歷史，從黃帝開始算，算到漢朝，漢朝分東漢跟西漢，漢朝有個勇士長得又高又帥，身高 176、可愛又瀟灑，你知道那個人是誰嗎？就是我，黃帝漢朝的勇士，黃漢勇。」聽完老闆的自我介紹，所有的客人都笑翻，怎麼會有這麼搞笑的老闆？重新路 115 巷的「肯諾尼亞」，就是一個散播歡樂的餐廳，除了搞笑老闆，還有一位認真嚴肅的主廚？組合成為三重不吃不可的奇妙景點。

來到「肯諾尼亞」，彷彿來到歐洲鄉鎮的小餐館，簡約的外表，深色窗櫺透出溫暖安心的氣氛。打開門，老闆和善的招呼「歡迎光臨！」目光馬上又被中央巨大的倫敦鐵橋所吸引，中央是表演的舞台，四周是各種造型風格分隔的小用餐區，似乎在敘述這裡海納百川、歡迎來自各地方的朋友一同歡樂。

這是一間結合 2 個夢想的餐廳。老闆黃漢勇原本在五分埔做衣服批發生意，後來開起服飾連鎖店，遇到景氣不好全部倒光，當他回頭再做起衣服批發，想起了自己的年輕時的夢想：「我想開一間讓每一個人都想要進來這個店，要結合美食與基督教書店」。黃老闆找上他看著長大的主廚林育甫，他知道林主廚從小就夢想當一位料理人，此舉融合了 2 個夢，也讓店裡增添了無限的故事。

「您對今天的餐點滿意嗎？」晚餐時刻，黃老闆親自一桌一桌的問候，有時還坐下來聊天，把客人視作親密的家人。「其實我們是跌跌撞撞，經營一家店他也不懂，我也不懂，但是這裡有愛跟溫度，我們跟主顧都培養出很好的感情。尤其是遇到很多迷失的羊，真得很棒。」

對於接下主廚的位置，主廚林育甫謙虛的說：「一開始很掙扎，我高中大學 7 年都在學餐飲，工作經驗 4 年，但是我覺得要當一個主廚，要撐起一間店，自己還需要更多磨練，也是在老闆的鼓勵之下，出來試試看自己可以做到什麼程度吧。」

2 個人的夢想結合，也反映在餐廳的名字上，「肯諾尼亞」來自是希臘語的「κοινωνία」，英語翻譯為 fellowship 或 communion，是「團契」，也代表了「夥伴」。夥伴要互相包容與接納，黃漢勇與林育甫在相同信仰的力量包圍下，彼此扶持走過創業的艱辛。在營運步入軌道後，「肯諾尼亞」持續推出大受好評的餐點，不僅客人回流率有 95%，人氣也不停高漲。

最近在三重的美食社群，正爆紅的名氣美食之一，就是這裡的「古巴三明治」，不論外帶內用，都很搶手。「要一個人把它吃光光，即使我已經吃飽了，我也想要把最後一口都吃下去。」

「就是電影《五星主廚快餐車》裡面的古巴三明治」，林主廚說，在他當兵的時候就已經做給許多人吃過，大家都說讚。「我不停重看這部電影，就是想重現電影中的古巴三明治，反覆看就能找到重點。」

要好吃不能只有「料多豐富」，為了讓客人品嘗時每一口都覺得真材實料、從頭到尾都滿足。主廚林育甫說，擺放材料的空間也是要設計，不能讓頭尾只有麵包，中間都是料，堆疊方式決定了口味的平衡。

林主廚使用老麵做的巧巴達，抹一點奶油，加上起司片、培根、雞肉，其中最主要的味道蜂蜜芥末醬，是完全由主廚自製，由美乃滋、黃芥末、蜂蜜 3 種材料細心調整比例。

店內最夯的人氣麵食就屬「泰國海鮮酸辣麵」，老闆黃漢勇也說自己非常愛吃，黃老闆讚美：「有次出國去玩，回國第一件事情就是衝回店裡吃泰國海鮮酸辣湯，喝了湯才有真的回家的感覺，因為我在國外天天都想吃。」

為了讓「泰國海鮮酸辣麵」走出自己不同的風味，林主廚的泰式冬蔭堅持不用醬料包，他先找出基本的泰式香料，例如香芒、檸檬葉、南薑片……，經過自己不停的嘗試、比較，訂出黃金比例。

品嘗起來讓人感覺「辣、酸、香料味」均衡，不過分強調某種味道，可以讓人一口接一口吃不膩，林主廚介紹：「台灣人的口味很多元化，要取平均值，例如蝦醬要放少，這是南洋風經常使用的醬料，但是太多就會刺鼻，只能一點點勾味道。」

▼ 和風炙燒鮭魚沙拉套餐

「這道料理的靈感，來日本料理的炙燒鮭魚肚握壽司」，林主廚解釋，有的客人不能接受半生不熟的煙燻鮭魚，把它炙燒後，不僅保留煙燻風味，又會多一個層次的香氣，而且濃縮了鹹味及甜味，讓客人食欲大振。

店裡提供2種醬汁：基本款和風、黑醬。和風醬特別添加蜂蜜，柔和芥末子的味道。黑醬則是蜂蜜與巴薩米果醋，都經過主廚細心的調整，讓客人能品嘗出沙拉的清爽，又能增進用餐的樂趣。

▼ 日式炙燒梅花豬肉飯

創新料理的精神在於混和多種風味，不侷限在哪國料理為主，「日式炙燒梅花豬肉飯」就是這樣的創意發想。使用半油半瘦的嚴選溫體梅花豬肉，整塊用鹽巴黑胡椒醃製後再烤，出來切片再炙燒。林主廚介紹：「作法為了表現單純的自然，搭配藜麥飯、太陽蛋，則是凸顯健康，營養滿分。」

ㄅㄌㄟㄎ
創意麵線

顛覆食客三觀　人氣新世代料理

ㄅㄉㄟㄎ創意麵線

📍 新北市三重區過圳街 42-16 號

📞 02-2984-5962

🕐 10:00 ～ 19:00

🗓 公休日　週日

吃蚵仔麵線是什麼感覺？台北西門町的阿宗麵線是站著吃，板橋油庫口麵線是配著香腸吃，鹿港王罔麵線糊是坐在破屋內吃。三重「ㄅㄉㄟㄎ創意麵線」，竟然是坐在裝滿普普藝術感的店面裡，工業風的線條、文青風的視覺，端上來看似麵線、又不是麵線的麵線，品嘗一口後更顛覆食客對麵線回憶的三觀。「原來美食與玩具的界線，比人們想像的更為模糊。」打破想像的壁壘，麵線也能好好玩。

走過「ㄅㄉㄟㄎ」心裡正想著是什麼意思？看著店面的樣子，才恍然大悟是英文 BLACK 空耳寫成注音文啊！心裡又想著 BLACK 大概是賣黑咖啡？「老闆，來一杯 BLACK ？怎麼是ㄅㄉㄟㄎ麵線，不是 BLACK 咖啡？」

不同於時下年輕人只想開個咖啡館，老闆葉建宏說起創業的過往，原來「麵線店夢」的構想，早在小時候第一次吃麵線時就已經醞釀。後來長大想開早午餐店，正在規畫，有天突然想起自己童年的夢想，當時恰巧遇上當主廚的朋友王志維，願意騰出時間幫忙，兩人的討論點燃創意火光，麵線店之夢才得以實現。

葉老闆的「麵線店夢」賣的是創意麵線，「我喜歡吃麵線，卻不是哪麼喜歡蚵仔、大腸，那就試看看換別的。」他在腦海裡模擬過不下 50 種口味，在準備開業的期間，每一種「試了口味不衝突才敢拿出來」，但是在家裡煮，又跟在營業場所裡料理大不相同。

「現在主要菜單上才 5、6 種，大概 10 分之 1 的錄取率吧，嘗試過果醬、橙醬、鴨胸……，固定 5、6 個親戚朋友來當白老鼠，有些是成本考量或是太創新了沒有推出。以後也許修正食譜、市場能接受再推出來，其實在我眼中不曾覺得哪個創新奇怪，都各有風味。」

這麼創意的麵線，會不會太跳脫傳統了？葉老闆一臉正經：「我的麵線很道地，有長輩的經驗傳承，湯底用足心思，是大骨、柴魚、洋蔥去熬的湯，完全不添加任何鹽巴、化學調味料，每天都跟大骨當好朋友啦。」另外，麵線用新竹的手工紅麵線，勾芡用日本太白粉，葉老闆十分努力保留傳統。

▲ ㄅㄉㄟㄎ麵線

　　義大利麵有墨魚麵，那台灣麵線也能有墨
魚麵！抱持著這個想法，葉老闆找到墨魚味道
濃郁但溫潤的西班牙墨魚醬，為了配合台灣人
的口味，使用頂級大骨高湯來調和墨魚醬，將
海中最精華的墨魚味與麵線融合，再創意加上
台式「熱炒三寶」，馬上成為網路瘋傳的人氣
新世代料理。

　　什麼台式「熱炒三寶」？就是洋蔥、蒜頭、
九層塔，葉老闆解釋，這是台菜的味道中大家
最喜歡，也是最台菜精華的地方之一。利用台
式熱炒去微調義大利風味的墨魚，這樣的味道
可以讓大家接受，調味後加上 QQ 的魷魚圈，
香濃引人食欲。「就算看起來黑嚕嚕的麵線，
也能使客人食欲大開。」

▲ 玫鮭玫瑰麵線

　　有些料理就是適合情人點餐用，特別是做
成花卉造型的料理，除了好拍好玩好打卡，還
可以方便愛人們約會營造一點小浪漫，例如「玫
鮭玫瑰」，是不是有給她浪漫？這麼美型的麵
線，情人不缺聊天話題。

　　「玫鮭玫瑰」以每日限量的煙燻鮭魚捲出
夢幻玫瑰花造型，加上麵線、洋蔥、檸檬、九
層塔，呈現中西合併的小吃。葉老闆説：「研
究料理時發現這新的擺盤方式，馬上應用在麵
線上」，他還發現加一點現擠檸檬汁，口味更
能提升，把醃燻鮭魚跟麵線的味道完美結合。
「一般人覺得麵線跟醃燻鮭魚完全不是一個世
界，聯想不起來。所以我一開始是有些排斥這
樣的做法，隔一陣子再回頭看，重新思考改善
再推出、重新設計後，『玫鮭玫瑰』馬上成為
店內打卡人氣網紅。」

▼ 蟹老闆麵線

　　什麼是蟹老闆？蟹老闆不就是卡通海綿寶寶裡面，經營漢堡餐廳的那隻螃蟹嗎？所以這一碗蟹老闆，裡面應該是漢堡口味？還是蟹肉口味呢？

　　果不其然，一打開就會有香濃的蟹肉味，還輕輕飄帶著人人喜愛的沙茶。葉老闆很認真說著，其實這一碗蟹老闆的創意，來自基隆夜市的蟹肉羹。他從小就非常喜歡，但是每次去吃蟹肉都很少；所以開店後，乾脆就把自己喜歡的蟹肉變成蟹肉麵線，「這算不算是自肥呢？這個沙茶是老闆娘的喜好，許多人都覺得只要加了沙茶就是好吃。其實沙茶太搶味，所以要經過精心調整，讓大家都可以同時吃得到蟹肉及麵線的味道，而不會被沙茶遮蓋了蟹老闆的帥氣風采。」

▲ 六兩金麵線

　　看到六兩金，許多食客大概一頭霧水。原來六兩金是常常在燒肉店看到的松阪豬，因為這一塊肉只有 6 兩重，所以在某些肉商的口中，就變成了六兩金。

　　這一塊肉又滑又脆，怎麼會想到放進麵線裡？葉老闆形容，麵線吃起來口感十分軟爛，如果加一點口感反差大的食材，才會變得更好吃。「就像是大腸麵線，大腸也是很有嚼感，所以才被大家放進麵線中」，但是對葉老闆來說，大腸吃了會感覺到很膩，所以他開始嘗試用其他食材與麵線組合。「後來愈玩愈多種，還放過紅燒肉、炸排骨，結果最好的選擇就是松阪豬。」

　　主廚王志維在鐵板上一邊把松阪豬煎得油亮金光，一邊灑下九層塔拌炒，爆出襲人的香氣，最後用黑胡椒增加多層次的風味，跟麵線身心靈調合；也讓原本簡單的麵線，同時呈現豐富的料理元素。

Boboli
波波里
創義料理

鬧中取靜的神祕花園

魔幻體驗異國餐點

波波里創義料理

📍 新北市三重區三寧街 4 號

📞 02-2983-2427

🕐 11:30 ～ 14:00；17:00 ～ 21:00

📅 公休日　週一

　　看過影片介紹的米其林星級餐廳？餐廳前後一定有片花圃，種滿了各式各樣的香草植物，而主廚在做菜時拿著香草擺出美麗無敵的沙拉，或是在披薩入烤箱前撒上一把百里香，讓手工披薩瞬間完美升等。這樣的畫面如今出現在三重區三寧街上的「Boboli 波波里創義料理」；餐點端上桌前，華麗的擺盤、精細的調味，總讓客人無比期待。據說主廚還會玩分子料理！怎麼感覺沒吃過會對不起自己啊？

　　站在三重三寧街「Boboli 波波里」前，可說「鬧中取靜」，旁邊是車流不息的「縱貫線」，拐個彎的三寧街卻是半天不見一台車，這不是平日的中午嗎？

　　門口放滿各式料理用的香草：迷迭香、百里香、薄荷葉、萬壽菊、檸檬香茅、馬鞭草……，很難想像在高架橋邊竟然有個世「內」桃源。禁不住肚中餓蟲，快步走近餐廳，餐廳門邊宣洩出歡樂的喧鬧聲，門內可是完全另一個世界，繁複華麗的裝潢，讓人眼花撩亂；歡樂的喧鬧聲，來自滿座賓客！用「靜中取鬧」形容再恰當也不過，心中疑問浮起，是誰創造這魔幻一般的體驗？

　　「Boboli 波波里」的老闆兼主廚林明宏，就是魔幻體驗的創造者，食客們面對美美又好吃的料理，心中可能會浮現主廚是歐洲歸國名廚的想法？不過林主廚聳肩笑了開懷：「我是讀建築科的呢！因為出社會才發現所學與興趣不合，就跑去找當總舖師的舅舅學做菜。後來在幾間連鎖餐廳當過主廚，過了 13 年才決定自己出來開餐廳。」

　　「Boboli 波波里」的餐點中，最膾炙人口的就是義大利麵，幾乎每一桌都有人點單。林主廚卻坦承，一開始並沒接觸過義大利麵，是小孩子天天吵著要吃，跟著孩子們去吃過好多餐廳。想到自己身為廚師，這麼簡單可以試看看啊；他發現煮的不比外面餐廳差，就乾脆開一間。從此再也不用帶孩子出去吃，全家一起開心享用爸爸的愛心。

　　許多著名西式料理，都會直接在門口種香草，可以放入店內菜色使用，也最健康，絕對不會有農藥。林主廚直說，這些香草是他老婆的傑作，因為老婆喜歡種花，也就順便照顧香草，還可以用在菜裡。「香草食材的品質不一，廠商叫貨有時會是爛的，不如自己種，今天要用多少就剪多少。」

　　「Boboli 波波里」的老闆娘不只貢獻了重要的香草食材，整間店的華麗裝潢都是她慢慢累積出來的。林主廚讚美，之前牆面一片空白，是老婆用自己手作的蝶谷巴特來裝潢；全部純手工，每件都是獨一無二，「還有客人開價買回去布置新家呢」。

▲ 啵啵魚夫披薩（限量）

　　或許因為老闆不是廚師出身，對於口味的創作完全沒有侷限。限量版的餐點「啵啵魚夫披薩」，花朵般的造型，加上咬起來唭唭啵啵的飛魚卵、酸甜的泰式調味，讓饕客們總是排隊搶先吃；還要拍照貼上臉書炫耀一番。因為晚餐才開賣，小心 8 點就有可能吃不到囉。

　　別急著吃完，停下來用心看看，滿滿的綜合海鮮鋪滿披薩：飛魚卵、鮮魷、鮮蝦、蛤蜊、小淡菜、彩椒絲、洋蔥……，光是看得見的材料就這麼多種，還有主廚現桿的披薩皮、費工的花樣造型、3 種起司牽絲等。

　　超實在用料讓每一塊都可以品嘗到海鮮跟獨特的風味，為什麼要加飛魚卵？林主廚解釋：「飛魚卵是很獨特的素材，港邊會拿去炒飯跟做香腸，我只要是喜歡的食材，就花很多心思把它融入我的菜單裡，何況飛魚卵的口感這麼有趣。」

西班牙海鮮燉飯 ▶

　　愛吃海鮮的人肯定會愛上「Boboli 波波里」，因為這一款西班牙海鮮燉飯，竟然放了 6 種海鮮下去燉煮，光是吃米飯都有很鮮的海味，而且添加珍貴食材的番紅花，價格卻十分親民。

　　使用六種海鮮：淡菜、鮮魷、蛤蜊、蝦子、蘭花蚌、魚肉以及彩椒、玉米筍、花椰菜等等下去熬湯，再用湯去煮燉飯，最後面撒義大利香料跟番紅花，林主廚笑著說：「簡直是吃到店裡所有的食材了。」

　　當「西班牙海鮮燉飯」送上桌，「咦，怎麼有塊檸檬？」林主廚解釋，這是正統作法，吃之前滴一些檸檬汁，可以搭配番紅花提升整體的味道，檸檬的成本因為季節差異很大，不過店家可是不管成本，全年都有附上新鮮檸檬，決不會拿檸檬汁代替。

▲ 鱈魚肝海鮮讚岐冷麵

　　創意料理，通常代表跨國界、跨地域，完全不同菜系之間的混血花美料理。店內的「鱈魚肝海鮮讚岐冷麵」正是最佳的例子。林主廚表示，曾有客人非常欣賞這道料理，每個禮拜都一定要找一天來吃這道冷麵。

　　台灣一年四季除了冬天都是熱呼呼，有時候就是想要吃點清爽又清涼的，「鱈魚肝海鮮讚岐冷麵既像我很愛吃的日式涼麵，又混合了義大利冷麵的概念，但是義大利冷麵不符合台灣人口味。我用西式擺盤，主角就是鱈魚肝，加上鮮魷、蝦子、蛤蜊、蔬菜絲……，用清酒與昆布熬煮做醬汁，吃起來很清爽，甚至還灑一些七味粉。我特別挑選讚岐麵，因為讚岐麵吃起來 QQ，不會遇冷變硬。」

▲ 溫沙拉

　　2018 年林主廚特別推出最時尚的餐點溫沙拉，「其實這也是對客人的貼心回應，因為有些客人不愛吃涼冰冰的沙拉，那就多準備一道溫沙拉吧。」把一些海鮮、飛魚卵加入成為主角，還有烤麵包塊、櫻桃蘿蔔等的元素，凸顯這道溫沙拉的特色。

　　在這道料理中，林主廚還用上分子料理技巧，把果汁鎖在迷你的小球裡，在客人品嘗時充滿驚喜。「分子料理屬於比較高檔的技巧，有時候開餐廳就是要看客人連上驚訝開心的表情，覺得『怎麼這麼好、這麼精彩』，那就是我最開心的事。」

Ticket
鐵匙鐵板吐司

不思議療癒系早餐　快筆記隱藏版料理

Ticket 鐵匙鐵板吐司

📍 新北市三重區重安街 56 號 1 樓

📞 02-2970-6978

🕐 07:00 ～ 14:00

🗓 公休日　週一公休，週二不定休

大家說「早餐要吃得飽」，如果可以吃得飽、又吃得巧、還能愈吃愈好玩每天心情好，在三重「Ticket 鐵匙鐵板吐司」除了有讓你早餐就能吃到滿滿肉汁的鐵板雞腿、爆餡火山熔岩芋泥、Choice 等級鐵板牛排……，夾上又香又甜的鐵板煎吐司麵包，光是豐滿的奶香味就感人熱淚！還有三隻毛絨絨大熊陪你吃飯，療癒系早餐就在這。爬不起來？老闆很貼心經營到下午，可以來吃早午餐。

「老闆來份牛排」、「老闆我要雞腿排」，如此平常不過的對話，似乎是在牛排店裡？大塊牛肉、香酥的雞腿在鐵板上滋滋作響，冒出陣陣濃烈的香氣。隨著縷縷炊煙，咬下爆汁雞腿排，整天的好心情大噴發。這是哪間鐵板燒名店？抱歉，這可是三重早餐名店「Ticket 鐵匙鐵板吐司」，不過，早餐店怎麼會賣鐵板燒肉？「實在是太多老客人想單點牛排、雞腿排，只好開賣。」

鐵板不只可以煎牛排、煎雞腿，老闆李諾同：「其實煎吐司也超棒的！」只要品嘗過的朋友都覺得 hen 可以。既然鐵板煎牛排好吃、煎吐司也好吃，李老闆：「不會摻在一起做鐵板吐司嗎？所以我們家的早餐就是鐵板肉排加鐵板吐司。」

鐵板麵包究竟是什麼味道？李老闆把漢堡麵包放在煎台上，用少許奶油雙面煎烤一下，吃起來口感好酥脆，咬下去瞬間還會冒出甘甜的奶油香氣！李老闆透露好吃祕訣，他使用紐西蘭純淨奶油，除了奶香濃郁，麵包還會帶著甘甜的酥香。一份「經典酥煎雞腿鐵板堡」，夾進一塊煎到皮脆肉嫩的雞腿排，放在煎好的麵包上，撒一點洋蔥、幾爿生菜、一片番茄，李老闆用幾滴檸檬汁點題，去掉些許油膩。客人忍不住趕緊大口咬下，酥脆漢堡麵包再加上爆漿多汁的雞腿，讓人不禁讚嘆，這樣的早餐已經不只是早餐了，而是會讓人快樂一整天「最好的開始」。

李老闆以前是鐵板燒名廚，絕技之一就是煎雞腿，所以煎雞腿怎麼樣才好吃，他說了算。「怎麼煎才是美味呢？不能煎到全熟，必須接近 9 分，然後放手讓餘熱慢慢滲入中心。而且在煎雞排的時候，只能加少許的食用油，先逼出雞腿本身的油脂，再用雞油去煎煮，味道香氣更倍增。」為了讓雞腿排品質更升級，「Ticket 鐵匙鐵板吐司」使用量少價高的生鮮現宰雞，而非冷凍電宰雞等等不容易取得的食材。

▲ 自製超濃芋奶鐵板吐司

吃早餐也能吃得很療癒！打開「自製超濃芋奶鐵板吐司」外面的鋁箔，綿密芋泥內餡滿滿流出，上班前心裡的「阿砸」彷彿也一瀉千里，連思緒也輕快了起來。

「Ticket 鐵匙鐵板吐司」的店長朱聿靜，是她發想了就療癒系芋奶鐵板吐司，一問起誘人的芋奶吐司，朱店長馬上就招供了，因為自己是超級芋頭控，想到店內要賣甜口味的吐司，馬上推薦自己最愛的芋泥口味，完全是內舉不避親的概念。

朱店長說，其實煮芋頭泥的工作很花體力，最早之前是自己買大甲芋頭，自己削切成丁，切到手軟；然後放入煉乳、水、糖，小火煮滾再悶熟，總共要花 2 小時。「味道跟鐵板吐司天生一對，還有客人跟我說，她超討厭吐司邊的，但是配上我家的芋泥，她覺得連吐司邊都好好吃。」

芋頭是甜口味中的招牌，外表用鋁箔包緊緊，實在不太上相，「都是為了清潔，因為不小心壓到，芋頭泥馬上滿出來流到四處，一開始拿到會想這是什麼啊？吃下去馬上有反差的驚喜感。」

店內的甜吐司，幾乎都是別處找不到的驚喜，除了自製超濃芋奶，還有可可花心雙拼、金沙可可、金蕉可可、肉桂蜜蘋果、顆粒花心等，與別處只有果醬口味比起來，可以說是甜點控的天堂。

▲ 經典酥煎雞腿鐵板堡

李老闆拋起 2 塊美式漢堡麵包，刷上雙層奶油，放上煎台上立刻飄出奶香味，「啊，嘴巴失守了」，不過客人失守的不是微笑，而是口水。許多人一進來先對著櫃檯喊：「雞腿鐵板堡」，不是因為店員有重聽，而是常客都知道老闆慢工出細活，不搶先就得要慢慢等，「還有人喜歡點『雙主餐』，一個雞腿鐵板堡再加一塊雞腿排，或是加塊牛排。」李老闆聳聳肩笑了笑。

衝著鐵板燒雞腿的外皮酥脆，「經典酥煎雞腿鐵板堡」一個禮拜可以賣 2、3 百份以上，除此之外，幾乎每桌都會單點一盤雞腿排或牛排，「這可是隱藏版料理，菜單沒有的喔」。

◀ 牽絲蛋沙朗牛排鐵板堡

如果是老饕級的客人，一定必點「牽絲蛋沙朗牛排鐵板堡」，這一道「鐵板魂」上身的料理，李老闆可以說賣一份虧一份。牛肉選用的是美國 Choice 級的板腱牛排，自己挑去油筋。淋上老闆手作的胡椒醬，材料是雞骨、牛筋煎煮 3 小時的高湯，加入番茄糊、胡椒粉、洋蔥等炒製而成，步驟十分費工，完全沒有偷工減料。還放上法國的雙色起司的起司蛋，口味濃郁，一咬還牽絲。

如果這樣還不能讓你感受到老闆的鐵板魂，翻開食譜，還有一塊單點區，荷包蛋、蔥蛋、菜圃烘蛋、牽絲蛋、香蔥魚烘蛋、牽絲起司……，根本就是鐵板燒菜單。

醬燒雙菇牽絲蛋鐵板吐司 （可蛋奶素）▶

李老闆還有一項絕活，不是牛肉、海鮮，而是素食鐵板燒吐司！「醬燒雙菇牽絲蛋鐵板吐司」，放了杏鮑菇跟鴻禧菇，還有洋蔥、豆芽菜等材料。利用瞬間高溫，讓素食材料吸收特製醬油、果汁、香料的味道。食客形容：「菇菇煎得超入味，起司吃起來就像焗烤的，外層還會有一層薄脆口感，好豐富多重的口味享受，根本忘記這是素漢堡。」

阿囉哈
專業炸雞

廚師魂上身的美味

驚人的不油膩炸物

談到炸雞，很多朋友都會說，這不過是很普通的料理？現在的生活裡一個夠等級的炸雞攤可是非常的重要，尤其是孤獨寒冷的雨夜、連 3 天拚工作報告的日子、想瘋狂加菜的一個人晚餐……，一份好的炸雞可以讓寒風呼嘯的冬天，變成煦煦陽光的夏日。那連鎖炸雞攤要介紹什麼？平平是連鎖，有的攤可以做成人氣美食，有的就是狗都嫌。究竟炸雞好吃的關鍵密碼，有什麼難以參透的玄機？

阿囉哈專業炸雞

📍 新北市三重區大仁街 62 號

📞 0978-510-229

🕐 12:00 ～ 24:00

🗓 公休日　無

在台灣美食的歷史道路上，炸物的地位猶如皇冠上的明珠，有著不吃枉為人的地位。台式傳統風味的炸雞，各加盟店手法也分門別派，味道口感大不同；但共同點是做法都有食譜；鹽幾克、炸雞粉幾兩、胡椒多少都有 SOP 嚴格標準。但是祕密就藏在細節裡，不是有食譜就能做出一樣的味道；同樣是阿囉哈炸雞，每一攤都有不同風味，這祕密往往只有真正的廚師才能掌握。

幾乎每個人都上過炸雞攤吃雞，有人注意過不同老闆，光是撒胡椒鹽的手腕「輕攏慢撚抹復挑」，擺動的幅度都各有不同，這就已經決定了味道的差異，其他的手法更不可能會一樣。

如果看到食譜，更讓人覺得這上頭是不是天書？例如油溫六分、中火斷生、大火收油……，字字都看過，串起來就是不懂；這些詞彙一點都不精準，包含了無限想像的模糊空間，縱使是米其林三星的主廚，看到這樣的菜譜肯定也做不出來跟原先一模一樣的味道。加上料理師傅對於手感的解釋，常出自個人的經驗……，想要做出銷魂的美味炸雞，可真得要有廚師之魂。

三重區大仁街的「阿囉哈專業炸雞」，靠近攤位就能發覺與眾不同，乾淨雪亮的檯面，老闆娘親切的招呼，員工動作快速且熟練。拿到裝炸物的紙袋，乾乾淨淨一點油都沒有，不油不沾手，眾食客：「這也太超乎一般人的邏輯！」。

老闆武翠娥是 1998 年嫁來台灣的新住民，還沒嫁來台灣前就是一位小餐廳的廚師。來到台灣後難忘對料理的熱情，在台北羅斯福路上開了間越南料理，引進越南的法國麵包，還因此上了電視美食行腳節目；朋友看她做料理很有一套，把三重大仁街的炸雞攤也讓給她做；2 邊一起賺，但付出的心力也加倍。後來孩子上小學，時間軋不過來，只好忍痛放棄一邊，選擇了時間較自由的炸雞攤。

「這是『摸蛤蜊兼洗褲』，可以一邊顧小孩、一邊賺錢」，武老闆的國語口音相當標準，還會說台語。「阿囉哈炸雞有很多家加盟店，每家炸起來口感都不同，除了按規定常常換油，麵粉是一樣的，但每個人炸起來感覺不同，炸的時間要剛剛好，要是趕時間太快起鍋，就會很油喔。」

◀ 除了雞排都不一樣

　　除了招牌和雞排，大仁街的阿囉哈跟其他阿囉哈幾乎完全不一樣，武老闆解釋：「除了雞排、麵粉等等，許多品項是自己進貨、自己料理。」

　　攤位上滿滿金光誘人、香氣飽滿的炸物，有雞腿、雞翅膀、雞屁股、雞皮、魷魚……，相信愛吃炸雞的朋友都有經驗，「我沒吃到炸○○，就是因為被前面的人先選走了」，所以每個來到這裡的客人，都搶先拿夾子，把自己想吃的美味抓好抓滿。

　　「真的會賣完，大家不要太晚來」，武老闆說出店裡4個最快賣完的品項：「地瓜、魷魚、雞排、脆皮雞翅」，除了雞排是阿囉哈先醃好送來，其他的食材要靠武老闆去市場裡精挑細選，雞肉是當天現宰溫體雞，拿回店裡細心處理。

◀ 黑胡椒來自越南老家

　　「喜歡黑胡椒的人，一定要試看看店裡的雞屁股，除了是我們自己醃、自己炸，還加了我越南老家種的黑胡椒，我自己從越南帶回來，味道特別香。」其他雞翅、雞腿、地瓜、魷魚……也是武老闆每天一早9、10點開始準備。

　　地瓜是武老闆每天採購，而且自己切塊，為了讓口感更好，吃起來外酥內軟又札實：「削的厚度剛剛好，夠大塊，一般機器切的比較小塊，地瓜的甜度跟水分都會不見，皮也削不乾淨。」武老闆的炸地瓜，麵皮薄、地瓜厚，雖然成本高很多，但是為了好吃，武老闆堅持自己做。

▲ 最出名的脆皮雞翅

　　脆皮雞翅是阿囉哈最早的成名作，早期一隻10元，外皮酥脆裡面豐軟汁嫩，咬破脆皮肉汁爆出。一般速食店的冷凍雞翅、進口雞肉，炸起來的肉質乾柴，完全比不上。武老闆透露，以前一天要賣60斤，現在景氣不好賣得比較貴，客人還是一次買個3、6隻。

　　脆皮雞翅怎麼會這麼脆？武老闆小聲說出祕密數字，「就是要185」。185是什麼意思呢，原來一般炸物的油溫是攝氏165度；但是炸雞翅的溫度不同，是185。

　　「因為雞翅裹的是溼粉不是乾粉，而溼粉下油鍋溫度會降下來，溫度不夠，炸雞翅就會黏在一起，外皮不會酥、裡面沒辦法熟。

　　有的店家用回鍋再炸讓外皮變脆，武老闆反駁：「回炸第二次外皮會變硬，不是每個東西都可以回炸，例如雞排、魷魚可以回炸，但是炸第一次的時間要很快，炸第一次要軟，不能炸到透，等一下回炸才會剛剛好，特別好吃。」

中華路
三民街
重陽路一段
新北大道一段
新北大道一段
名源街
重陽路一段
榔圳街
1
菜寮
三陽路
重安街
三陽路 100 巷 3 弄
重陽路一段 44 巷
重新路四段
25
朝陽街
19
集美街
21
20
捷運路 37 巷
捷運路 19 巷
捷運路
重新路四段
三重站
疏洪東路一段
美田路
23
104
24

重新路三段

1甲

中正南路

GO!
GO!

⑲ **彭彭咖啡**

📞 0921-622-833
📍 捷運路 19 巷 23 號

⑳ **M3718**

📞 02-2985-0606
📍 捷運路 37 巷 18 號
　1 樓

㉑ **彼得潘
烘焙坊**

📞 02-2978-5566
📍 重新路四段 86 號

㉒ **榛果樂
幸福鍋物**

📞 02-8988-0107
📍 新北大道一段 160 號

㉓ **霽月**
肉乾肉鬆總舖

📞 02-1970-3383
📍 集美街 149 號 2 樓

㉔ **集美蚵嗲**

📞 0933-046-573
📍 集美街 127 號

㉕ **胖老爹
美式炸雞**
三重重新橋店

📞 02-2976-667
📍 重新路四段 55 號

彭彭咖啡

自家烘培咖啡館
Caf'e Bang Bang

蒸氣與香氣魔術
玉液閃爍敲出漣漪

精品咖啡浪潮在近幾年盛行，你愛喝的是手沖（Drip coffee）還是義式濃縮（Espresso）？三重卻有一間精品咖啡館「逆流上游」，拿出 30 多年前流行一時的虹吸式咖啡壺（Syphon）。一場 Syphon 秀如此與眾不同；紅色的光爐上，玻璃壺在咖啡師的手中激光流轉，上演一齣蒸氣與香氣的魔術，醇厚的氣息在水波中輕吟，一杯玉液閃爍著金黃光影流瀉，敲出漣漪……「咖啡好了，請享用。」

「彭彭咖啡 Caf'e Bang Bang」位居捷運新莊線與機場捷運線交會點的三重站，人說花草埋幽徑，三重站旁的水泥叢林裡也埋了這一條幽徑——捷運路 19 巷，「彭彭咖啡館」透出溫暖的燈光，咖啡的芬芳，將幽徑古巷渲染成花團錦簇的幸福之路。

傍晚時分，「彭彭咖啡館」深咖啡色為主的腰窗木門，樸素極簡的招牌、手繪逗趣的看板，在一排上世紀留下的傳統公寓中，展示新生代的思想與活力。老闆彭鳴寬站在弧形的巨大吧檯中，為聞香而來的客人，用上世紀記憶中的 Syphon 壺，煮出新生代的內涵與生命。

「弧形的大吧檯，像不像一顆很大的咖啡豆的剖面？」彭老闆一邊為客人煮咖啡一邊談天，店內的裝潢空間竟然隱含了沖煮的意境，「牆上波浪線條層板是沖煮咖啡的水流，以吧檯為中心，把濃厚的香醇瀰漫到整個咖啡店中。」

「所以『彭彭咖啡』是『香氣製作所』，不單單在這裡，如果喜歡咖啡香、這裡氛圍，大家也可以將我精心挑選烘焙的咖啡豆帶回家沖煮，也可以把幸福感帶回家。」彭老闆選擇 Syphon，便是希望以魔術般的蒸煮過程吸引顧客眼光，拉近消費者與咖啡師的距離，咖啡香氣陣陣飄散而出，滿足了顧客得視覺、嗅覺、味覺，將一切感受串連起來。

對許多年輕一代喝咖啡的朋友，已經很少見過 Syphone，煮咖啡慢條斯理的它，卻是四、五年級享受慢活的載體，記憶是深焙的、苦澀的，或許還帶著爺爺、父親對新時代的探索過程，「或許因為器具本身的保存、保養的不便，一個美麗的記憶彩球逐漸被家庭所遺忘。」但彭老闆希望藉由這樣的一個器具，「或許能讓年輕人與前幾個世代，享有共同語言，或是共享一杯咖啡。」

彭彭咖啡

📍 新北市三重區捷運路 19 巷 23 號

📞 0921-622-833

🕙 10:00 ～ 18:00

📅 公休日　週二

「其實一開始我不喜歡咖啡」，彭老闆很坦誠的說，「以前喝咖啡都會拉肚子，可是並不是乳糖不耐症，後來才發現，都是瑕疵豆害的。」他詳細的解釋，咖啡生豆（未烘焙過的）不管價位多貴的豆子，裡面一定有瑕疵豆，瑕疵豆就是所俗稱的黑豆，包含酸敗豆、蟲蛀豆等。因為製作過程中沒有把壞掉的豆子挑掉，如果直接去做烘焙，大眾喝下肚後就會有一些生理反應，有心悸、冒冷汗，有些人是肚子痛、拉肚子等。

彭老闆在一次因緣際會中，參加咖啡的課程，課程中他喝了一杯充滿堅果風味的拿鐵，令他驚訝的，喝完後身體完全沒有異狀，才讓他充分享受了喝咖啡的快樂。蝴蝶效應開始，彭老闆開始研究到底是什麼樣的差異，才讓身體有不同的反應？慢慢進化到自己烘豆、磨豆，甚至開了一間自己的咖啡店。

「咖啡豆的品種也會對身體有影響，有 2 品種為主」，彭老闆接著說業界的重要祕密：「其一是大家很熟悉的阿拉比卡（Arabica），還有另一種豆子叫羅布斯塔（Robusta），這種豆子便宜很多，但是它的咖啡因含量多、瑕疵豆多，如果要壓低咖啡的售價，就會在阿拉比卡之中大量混入羅布斯塔豆。加了太多低價、低品質的豆子，就會造成身體上的不舒服，味道也不好。」

在「彭彭咖啡」店內，咖啡相關飲品所使用的咖啡豆，及架上販售自行烘焙的咖啡熟豆，皆由老闆從遴選生豆、挑除瑕疵豆，針對屬性給予適當烘焙，將咖啡香氣潛能徹底發掘，在熟豆販售前，老闆還會再次剔除瑕疵豆。

橘子汽水咖啡 Orange Fanta Coffee ▲

喜歡汽水與喜歡咖啡，是 2 種不同的人吧？但是在「彭彭咖啡館」卻能喝到像冰咖啡又給你汽水般的衝擊！彭老闆研發的「橘子汽水咖啡」，用氣泡衝撞你的味蕾，屬於年輕世代的味道。

「不用冰塊，杯子先放在冰箱冰鎮，倒橘子汽水八分滿的時候，加 60 毫升的 Espresso，用氣泡來增加味蕾上的刺激」彭老闆說，橘子汽水的味道會先衝擊你的鼻子，隨後換手爆發 Espresso 的香氣，2 個味道緊密的銜接，帶來其他地方品嘗不到的舌尖體驗。

◀ 甜 點

喝咖啡配甜點，可說是再自然不過的搭配，只是甜點製作困難，一般咖啡館都找麵包店配合。「彭彭咖啡館」又再度與眾不同，彭老闆不僅自己選豆、烘豆，甚至連甜點也自己做。彭老闆解釋：「剛開始只是想幫家中小朋友做甜點，因為外面的點心添加太多防腐劑、發泡劑……。」

「真的是因緣際會」，原本是彭老闆的妻子要去上甜點烘焙課程，因為臨時不允許，變成彭老闆去上課，結果竟然玩出興趣，製作出的甜點人人比讚。

「布朗尼」是店裡的經典甜點，以黑巧克力、核果，讓口感上產生差異，細細品嘗，還有店家的祕密配方，用萊姆酒、香草的香氣讓嗅覺沉迷，不配咖啡單吃也過癮。

「瑪德蓮」中包含了主廚的巧思，許多老顧客都是因為瑪德蓮成為「彭彭咖啡館」的常客，以蜂蜜與檸檬的香氣，配上適中烘焙咖啡，就是絕妙的好搭檔。

大受好評的「檸檬塔」，使用法國依思尼奶油，搭配黃綠檸檬製作，酥脆的塔皮、絲滑的檸檬餡，加上濃厚檸檬香，一切恰到好處。彭老闆點頭說：「製作的確相當困難，自己烘派皮、自己熬醬，因為檸檬汁放久會出現苦味，檸檬汁絕對是現榨。使用獨家配方的黃檸檬、綠檸檬比例，讓溫順、刺激成為好朋友，檸檬味道扎實、香氣足。」

▲ 1 ＋ 1 套餐

剛開始聽到「1 ＋ 1 套餐」，或許會以為是甜點搭配咖啡，真實情況卻是「濃＋濃」！由濃縮咖啡製作的 Espresso 與卡布奇諾（Cappuccino），組成的義式咖啡飲品套餐。

第一口 Espresso 讓口腔感受到強烈咖啡洗禮，堅果風味、咖啡脂香醇……層層堆疊的震撼，濃縮咖啡在唇齒間華麗唱出二重奏的樂章，金黃咖啡脂如定音鼓，轟然低鳴直衝心神；另一部的堅果音符在舌面跳躍，在舌側兩頰間激盪金鳴鎧甲的回聲。再一口卡布奇諾，品嘗到濃縮咖啡兌牛奶後風味的轉變。

M3718

絢麗如花火
讓人驚豔的幸福牛奶糖

如果愛吃甜食的人叫做螞蟻，那愛吃甜食，還有媽媽幫她做全世界唯一專屬的甜點，也許應該稱她螞蟻中的蟻后呢。為了幫助女兒實現牛奶糖天堂的夢想，老闆蘇錦美打造了「M3718」，牛奶糖有如絢麗的花火秀，變出上百種精彩絕倫的樣貌，滿足女兒挑剔的味蕾。而老闆女兒余欣蓓，則是店內味道的靈魂，用自己舌頭選出最棒的口味，每一種牛奶糖甜點都是讓人驚豔到不要不要的幸福。

「甜點控的天堂？」M3718 是一間正港的隱藏美食，不光是位置隱藏，深埋在捷運三重站附近的巷弄內，還有多到數不清的隱藏版甜點。

▼ 牛奶糖

大家小時候都曾經瘋狂迷上牛奶糖，小小一塊奶香十足，只要一盒就能讓人快樂一天。現在我們就請蘇老闆來破解牛奶糖的做法，「牛奶糖就是用牛奶跟糖做出來的，但是需要熬煮很長的時間，因此價位很高。」

對於牛奶糖的做法，「M3718」的蘇老闆毫不藏私透露給大家，糖醬的原料包括麥芽糖、海藻糖、細砂糖 3 種，混合煮成麥芽糖，接著倒入牛奶，

M3718

📍 新北市三重區捷運路 37 巷 18 號 1 樓

📞 02-2985-0606

🕐 09:00 ～ 18:00

🗓 公休日　週一、二

把牛奶沖進麥芽糖漿的動作叫做沖糖，這個動作會沸騰翻滾、冒出大量氣泡，是最需要小心的步驟。接下來持續攪拌熬煮 30 分鐘，當出現些許的焦糖顏色，表示已經做出最新鮮的焦糖醬，要變成牛奶糖還要持續熬煮。最後完全變成人們平日所吃的牛奶糖顏色，此時加入奶油可增加滑順口感。趁著牛奶糖醬還在熱軟的時候，添加各種堅果，放在檯面用手搓揉、整盤，靜置 4 至 6 小時的熟成，隔天就可以分切跟包裝，純手工的牛奶糖大功告成。

只要到送伴手禮的季節，「M3718」就成為社區裡的大熱門，蘇老闆說，尤其是冬天，也許是天氣比較冷，大家會想要補充熱量。「M3718」最傳統、最早期的風味就是牛奶糖加夏威夷果，經過蘇老闆多年研發，目前有 8 種口味，除了夏威夷果，還可以跟台灣特產的食材結合，「歡迎來店裡試一試，可以吃到 8 種層次豐富、味道很不一樣的新鮮牛奶糖。」

季節限定版牛奶糖有芒果、草莓，成人口味版有咖啡口味，少女心口味有抹茶，還有常吃不會膩的海鹽，甚至添加台灣特殊食材的鐵觀音、伯爵紅茶，老闆娘特別說，其實只要你想得到口味我們都可以幫你做出來，只是要提前訂購喔。

牛奶糖
布丁

流心蹦蹦

▲ 牛奶糖布丁

店中最受小朋友、媽媽們歡迎的點心就是牛奶糖布丁，由於食材健康、口感扎實，與一般烘焙坊的布丁絕然不同。蘇老闆細心的解釋，裡面的材料就是牛奶、雞蛋、牛奶糖醬而已，最特殊的是，它完全不需要靠吉利丁粉、果凍粉等添加物來凝結，非常健康。

蘇老闆說，因為牛奶糖醬裡面是糖的結晶，與奶、蛋一起混合後，會在牛奶跟雞蛋之間產生相當扎實的感覺，所以「M3718」的布丁完全不需要加吉利丁粉，「其實它比較接近蒸蛋，不過這小小的布丁，光是它專屬的牛奶糖醬，就花了一個月研發呢。」

流心蹦蹦 ▶

「這是我最喜歡吃的牛奶糖甜點」，老闆娘的女兒余欣蓓開心的說，是媽媽為我量身打造，「流心蹦蹦」是市面上完全找不到的甜點，只有「M3718」才吃得到喔。

「這算是牛奶糖蛋糕的創意加分版吧」，余欣蓓解釋，「流心蹦蹦」使用手工熬煮的牛奶糖醬，搭配馬斯卡彭起司，上下各鋪一層打碎的牛奶糖餅乾。為何叫做「流心蹦蹦」呢？因為湯匙挖下去的瞬間，牛奶糖醬就像是自己有生命力一樣，會在濃厚的馬斯卡彭起司裡四處流動，非常的滑順，配上酥脆的餅乾，多重口感、創意滿分。

余欣蓓說，「我喜歡單純，所以我們的產品都是單純食材做出來的味道，完全不添加任何香精、添加物，牛奶糖餅乾也是自己烘烤，在這裡所有的人都能放心品嘗。」

「其實我都是只出一張嘴啦，煮出牛奶糖醬都是媽媽的手藝，為了找出我想要的滑順口感，她炒糖醬超過100次，如果煮出來的感覺不對，我還會請媽媽再煮一次，看是要多放一些牛奶或是其他材料，一切都是為了的讓口感臻於完美。」余欣蓓說。

▼ 主廚巧克力

　　「M3718」裡面還有一款全年長銷的甜點，就是「主廚巧克力」，口感扎實略帶一點溼潤，外表似乎像是巧克力蛋糕，又比巧克力蛋糕有更細緻厚實的巧克力風味，品嘗過的客人都會愛上這濃郁的巧克力。

　　「主廚巧克力」除了起司、法芙娜可可粉，還有主廚的祕密配方，創造出類似巧克力磚的口感，曾經有客人問起，「裡面到底放了什麼，這麼好吃呢？」蘇老闆滿臉笑容回答：「就是放一份對工作的熱愛，只要做事的時候高興，享受在工作中，做出來的甜點就會好吃喔。」

▲ 雪梅餅

　　「M3718」除了暢銷的牛奶糖，還有個很特別雪梅餅，由牛軋糖混合餅乾跟果乾，味道酥脆有如餅乾，又有如糖果一般讓人開心的活力。「有客人形容吃起來有一點點像沙其瑪。柔軟中帶一點餅乾果乾的口感，嘴巴會感受糖、餅乾、果乾，香酥、甜酸，再由芳香的牛軋糖把它們結合。

　　「M3718」使用蛋奶素的牛軋糖為基底調配，吃起來的口感與眾不同，因為使用較好的食材，例如日本進口的海藻糖，甜度會降低 50% 左右，不甜膩又清爽，「只是有個缺點，因為純天然不加硬化劑、防腐劑，氣溫一高就會融化，所以夏天暫停網路購物，只能店面販售囉。」

彼得潘烘焙坊
Peater pan

扎實有味　網路評論最好吃麵包店

收集七顆龍珠，「出來吧，神龍！我要許願」，雖然這是動漫裡的情節，不過真的龍珠出現了。網路風靡的「七龍珠麵包！」真身就在「彼得潘烘焙坊」，還是奶香十足的菠蘿麵包口味呢。除了滿足6、7年級童年時光的龍珠麵包，這裡還製作許多讓孩子開心的卡通麵包、扎實有味的日系麵包。就像店名「彼得潘」，每位客人都能在此找回自己的童趣與歡樂，難怪網路評論「三重最好吃的麵包店」。

吐司比棉絮還柔軟要怎麼吃？「曾經有客人被老婆叫來，買我家的山型吐司，第一天他下午6點來，可是吐司5點左右就賣完了，我們請他明天提早一點，或是用訂的，他回說：『哪有買麵包還要訂』。後來他連續5天都下午6點來，當然買不到，結果在第7天他只好說，可以幫我訂兩包山型吐司嗎？」店長林耀祥說：「這是真實發生的事喔。」

「麵包是一種很簡單，卻很好吃的東西，就是麵粉、奶油，完全不需要其他材料，只要你搭配適當的技術跟設備，就可以做出很好吃的麵包。」

彼得潘烘焙坊

📍 新北市三重區重新路四段86號

📞 02-2978-5566

🕐 10:30 ～ 21:30

📅 公休日　無

▲ 魯邦液種的奧義

櫃台旁有台高科技的神祕機器「魯邦30」，不說不知道，它的價值竟然等同一台小轎車！有什麼作用呢？林店長透露，這台「發酵工程的老窖機」，是專門養酵母的機器，也是店內麵包好吃的祕密，「魯邦在法文的意思是天然酵母。」

魯邦種的起源可以追溯到古埃及，當時的人們就已經知道，利用穀物表面及大氣中的酵母讓穀物（例如麵粉）進行發酵，變出香氣十足的麵包。魯邦種的特性是酵母菌與乳酸菌共存，由於乳酸菌的含量較多，因此又稱為「富含乳酸菌」的發酵種。

「乳酸菌可以軟化麵筋內的麥穀蛋白，讓麵包口感更加柔軟。降低麵包的 ph 值，使麵糰老化速度變慢，麵包不易發霉、保水性變好。」林店長在日本學做麵包，但不只學做法，對於理論也不含糊。

因為味覺與感覺的差異，每個人養的酵母都不一樣，做出來的麵包品質也不同。「為了要有穩定的品質，要用這台機器控制，我們把天然菌種放下去後，機器裡有最適合養酵母的溫度、溼度、發酵時間，只要丟入固定菌種，加上麵粉、水，隔天使用就是很穩定的天然酵母，我們每天才能做出品質高人一等的麵包。」

113

「彼得潘烘焙坊」裡總是擠滿了小朋友，因為店裡除了好吃的麵包，還有各式各樣造型的卡通麵包，像是七龍珠、小海豹、小熊、巧虎、烏龜等等9到10種。「而且都是小朋友愛吃的口味，菠蘿、奶酥、巧克力，像七龍珠就是菠蘿麵包，奶味濃郁香甜，口感紮實。」

「日式菠蘿麵包與台式的菠蘿是不同的喔，我們用的是日式菠蘿麵包，只用純正奧地利進口奶油。」台式菠蘿含油量較高，常常會用瑪琪林（Margarine）當主要原料，瑪琪林是比較不好的油脂，還需要添加人工香料，吃了容易脹氣。「我教大家一個有趣的常識，全世界巧克力好吃的國家，奶油就好，表示他的製乳技術非常好，奧地利的巧克力好吃，所以奶油就很棒。」

▲ 奢華蜂蜜千層蛋糕

天然蜂蜜的濃郁花香，搭配口感綿密的千層蛋糕，看似平凡，卻有皇室般的尊貴美味。

▲ 法 國 麵 包

皮好脆，像在吃糖果的法國麵包有吃過嗎？「彼得潘」就是這麼好吃。大家可能不曉得，法國料理有很多要用法國麵包沾著吃，所以麵包好不好 hen 重要喔。咬下去的瞬間，不讓客人感覺只是單純吃法國麵包，口中浮出陽光麥香、誘人的酵母味，輕輕咀嚼還會帶出回甘韻味。彷彿自己坐在地中海邊的小酒吧，店員送上幾片法國麵包，灑了一點切碎的鮪魚，舉起一杯勃根地紅酒，「敬！陽光」。

法國麵包是店內的主打，林店長笑說，全球最美的書店、蔦屋書店 TSUTAYA BOOKSTORE，也是訂他們家的麵包去做他們的菜。林店長解釋，法國麵包一定要用法國來的麵粉口感才對，像是店內的麵粉有美國、日本、德國、法國……，每種麵包都有能發揮的特色。不同麵包，要用適合它的麵粉，像美國的小麥的膨脹係數最好，蛋白質最多，吃起來的口感很有咬勁。

▼ 毛豆喬巴達、牛奶糖喬巴達

膨鬆軟的口感、大氣孔裡包著義大利的風，就是喬巴達，又叫拖鞋麵包。「彼得潘」有牛奶糖跟毛豆 2 種口味。特色是含水量很高，又加了冷壓初榨 2% 橄欖油，吃起來嘴角會不經意的微笑。因為麵包本身沒有加糖，所以店長突發奇想把牛奶糖切丁，包在裡面，讓簡單的喬巴達變身童年夢中的牛奶糖之夢。

為何會想加毛豆呢？在日本待了好幾年，學做麵包的林店長說，毛豆在日本是一種下酒菜，他們會在麵包裡加毛豆。那些上班累翻的上班族，回到家冰箱打開，常常是一口毛豆麵包、一口啤酒配著吃；所以毛豆麵包是啤酒的好朋友呢。

▲ 裸麥水果麵包

人氣商品的「裸麥水果麵包」，還沒撕開就在外皮上看到滿滿的杏仁、核桃、桔皮、葡萄乾、蔓越莓乾，是全素的麵包，林店長介紹這是某屆加州葡萄乾比賽第二名的產品，使用了 2 種葡萄乾，配上橘子皮，水果香氣好濃郁。

「裸麥水果麵包」看起來似乎很硬，卻包藏一顆柔軟的心，吃起來軟綿綿。「要是有孕婦來我們店裡，我都會推薦買這種麵包，含有微量礦物質，對發育中的胎兒來說，微量礦物質很重要；但有的人會覺得我幹嘛管他？我不是推銷，堅果成本其實比較高，真的是為客人身體好。」

Sweet榛果樂
幸福鍋物

客人吃過都回流　龍蝦套餐超高cp值

「火鍋只是肉片、海鮮涮一涮？」絕對不是喔，歡迎來三重「Sweet 榛果樂」開開眼界，精心現做湯頭就有葷素總共 20 多種讓客人挑。光是菜單送上來就自動發生「選擇障礙症」，這麼多種湯，這麼多肉盤、海鮮品項，還有大胃王級 100 盎司肉片！「還是不曉得選哪個好？」這裡提供大家治療「選擇障礙症」的最佳藥方，直接翻到 menu 看起來最順眼的一頁，通通端上來就沒有選擇困擾囉。

計程車司機：「新北大道一段 160 號，那邊有火鍋店喔？」如果食客第一次搭計程車前往「Sweet 榛果樂」，大概會聽到跟我們一樣的對話。不過當自動門打開，滿滿的食客擠到水洩不通呢！計程車司機會這麼說不是沒有原因，新北大道一段正好在三重的高架橋路段，附近車流量極大，但是行車匆匆，沒看到有車停下來吃火鍋，那店裡是哪裡來的客人？

「歡迎光臨！」看到店長蘆毓靖大大的真誠微笑，我們立刻知道了答案，微笑是店家最好的賣點。原來蘆店長堅持自己服務客人，所以大部分客人都能在第一時間感受到親切服務的態度，配上一桌好菜；「希望大家吃過都能 Sweet 幸福喔」，提升滿意度、吸引客人回流，客人報客人回來吃，可以說是「口碑行銷」的最佳案例。

「Sweet 榛果樂」精心現熬 20 多種湯頭，其中素食就有 13 種，一般人去吃火鍋，素食鍋底通常只有一種，為什麼「Sweet 榛果樂」要準備 13 種？其中還有一段小故事。原來蘆店長的父母都是素食者，爸媽每次來吃飯卻只有清湯，對於生養自己的父母無法提供什麼，卻能提供其他人十多種選擇，蘆店長感到深深的自責。後來蘆店長逐漸開發多種素食湯底，可以給父母多一點選擇，也是彌補無法陪家人吃飯的遺憾。

「最招牌的湯底是素泡菜湯，也是爸爸的最愛喜，除了使用素泡菜，湯頭還加了香椿，吃起來酸酸甜甜很順口，比葷的還好吃。」蘆店長解釋。喜歡健康蔬食的朋友來「Sweet 榛果樂」能找到不少好料，素菜鍋能吃到食材最原始的味道，選用大量的新鮮蔬菜、菇類，素料只會有 2、3 樣。建議搭配寬版的王子麵，這是店家要特別進的貨，吃起來Q 勁十足、口感 100%，「當然搭配葷食也很讚」。

店內其他特色賣點還有很多，例如一般火鍋店沒有的石頭火鍋湯底，用麻油、洋蔥、蒜頭等等辛香料下去爆炒，湯頭香氣滿點。店內提供大食客最愛的大尺碼肉盤，50 盎司、100 盎司的肉片都有。胃口很大的客人可以 1 人獨享，也適合 2、3 人一起品嘗。

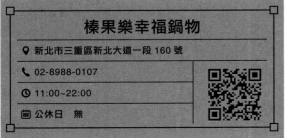

榛果樂幸福鍋物

📍 新北市三重區新北大道一段 160 號

📞 02-8988-0107

🕐 11:00~22:00

📅 公休日　無

　　如果想一次點完蘆店長為客人準備的好食材，又剛好 2 人同行，就選 cp 值超高「龍蝦雙人套餐」吧。裡面包含一隻肉質鮮美的南美洲貝里斯龍蝦，體型碩大。一旁還有豐富的海鮮盤，有台灣草蝦、當天處裡的透抽、生食級的鯛魚片、肉質細緻的鱸魚、南美白蝦等等。

　　除了龍蝦外，最吸眼球竟然是超大顆蛤蜊，吃起來飽滿鮮甜。原來是蘆店長每天早上跑傳統市場，帶回最新鮮食材，蛤蜊、鮮蚵都是親自挑選。「連蔬菜也是一顆一顆的挑，如果請店家送來可能品質會參差不齊；雖然像我這樣做成本較貴，但品質穩定，這是我龜毛的部分。」

　　龍蝦套餐不只滿滿海鮮，還配上 2 份肉盤，雪花牛、鮮嫩雞、培根豬、梅花豬、煙燻豬、嫩羊肉等等。老客人都知道來「Sweet 榛果樂」必吃低脂紐澳牛肉，最滑順。蘆店長選用原塊紐澳牛肉、美國牛肉，絕不用重組肉；自己切片，讓客人吃到牛肉食材原始的鮮甜。「店裡提供 6 種牛肉，每一種的切法都不同，因為肉片品質好，真的只要涮 2 下就可以吃了，跟五星飯店的餐廳一樣的肉品。」

◀ 海陸雙拼

「Sweet 榛果樂」的另一款人氣餐點就是「海陸雙拼」，有近幾年很夯的天使紅蝦，還有草蝦、白蝦、魚片、透抽、蛤蜊、鮮蚵。魚片一律選用生魚片等級，不僅完全無腥，連刺都沒有。還有東石的鮮蚵，肉質飽滿、渾圓肥美，而且全部當日鮮撈，蘆店長說明：「鮮蚵一定要大顆，不然丟進湯裡就縮到不見了，如果當天沒有我們要求的大小、鮮度，寧願當天不賣，用其他海鮮補給客人，品質客人吃得到。」

多種湯頭 ▶

「素食的人口其實很多，開發多種素湯底，也能提供客人多元化的選擇。吃素的客人在我們店占 2 成，而且吃素也是世界的風潮。」蘆店長為開發素湯底想了不少方法，例如素食用香菇湯、葷食用柴魚昆布湯，再添加其他食材；泡菜要分素泡菜跟葷泡菜，味噌也分素味噌跟葷味噌等等。

13 種的素食鍋中，可以選擇：養生素食鍋、日式味噌鍋、香濃牛奶鍋、韓式泡菜鍋、養生南瓜鍋、膳食芋心鍋、鮮甜番茄鍋、香香麻辣鍋、麻辣泡菜鍋、麻辣牛奶鍋、起司牛奶鍋、養生藥膳鍋、當歸藥膳鍋等。

蘆店長推薦：「如果點一般牛奶鍋，一定要選活菌培根豬，二者就像天生一對，燙起來爽口，肉質比擦了 SK-II 還滑嫩，湯頭變更好喝，大力推薦。」

霽月肉乾
肉鬆總舖

肉鬆香串起一家情
承襲一甲子好味道

　　肉乾、肉鬆是外國人來台灣必買的伴手禮，鹹香夠味、口感豐富。台灣朋友都在過年前，買個十來包準備好好在年節長假嗑一嗑，解個嘴癮。其實每個菜市場旁邊都有這樣的店家，賣肉鬆、肉乾，新北市三重區集美街旁集美市場，正是隱藏一間「好吃到不要不要」，還外銷到對岸的「霽月肉乾肉鬆總舖」，最特別的是，到現場買，老闆還會現烤給客人試吃，想到又流口水啦。

　　霽月肉乾已經傳承第二代，第一代老闆的時期，是萬華知名的肉乾、肉鬆攤。老闆劉家銘懷舊的說：「舊式炒肉鬆的機器有看過嗎？一個跟澡盆差不多大的不鏽鋼鍋，中間有個翻攪的棍子會一直轉，不時的還需要用鍋鏟去翻動。新式炒肉鬆的機器長得像混泥土預拌車那樣，就不需要人工去攪動。」劉老闆小時候每天一早得先炒好肉鬆，才能去上學，看著爸爸做肉乾、肉鬆長大，肉鬆味就是他的家鄉味。

　　這味道有多香？還能幫劉老闆追女友，現在的老闆娘對劉老闆的第一印象，就是「這個男人全身很有味道」，就是肉鬆味吸引了老闆娘。劉老闆年輕的時候不想要繼承家業，他開玩笑：「我去大陸賣『銀』，父母覺得賣肉鬆太累，叫我去大陸開工廠、賣銀飾，剛開始不錯，後來遇到美國雷曼兄弟銀行倒閉，美國景氣瞬間結冰，外銷的訂單全沒了。」人在外地遇到困難，總會記起家的味道，想起父親的炒肉鬆、烤肉乾的香氣，劉老闆便毅然決然回台繼承家業。

　　但爸爸年事已高，萬華肉乾的攤位早在10多年前就已經轉賣，劉老闆選擇三重集美市場，重新出發。每天清早炒肉鬆，總是吸引市場民眾來選購，就連附近的其他攤商都說：「聞到就肚子餓，想要去買飯來配。」後來生意愈來愈好，上海有客人吃了非常驚豔，主動來幫忙推廣業務，現在有三間加盟店在上海，生意是台灣的好幾倍，賣價也比台灣貴一倍。

　　台灣的肉乾產業有一陣子相當落寞，因為當時正興起健康飲食，認為肉乾「高油脂、不健康」。劉老闆面對市場轉變，立刻創新口味，在肉乾中加入蕎麥、柳橙等，含有膳食纖維、豐富營養成分的配料，沒想到新口味大受歡迎，創下 1 天銷售 3 千包的紀錄。

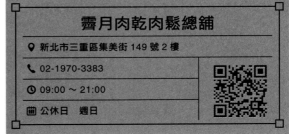

霽月肉乾肉鬆總舖

📍 新北市三重區集美街 149 號 2 樓

📞 02-1970-3383

🕐 09:00 ～ 21:00

🗓 公休日　週日

▲ 高纖蕎麥肉鬆

　　「高纖蕎麥肉鬆」就是轉變市場、廣受好評的產品之一，這裡的蕎麥，就是日本人製蕎麥麵相同的穀物。劉老闆在推出這項產品之前，試過地瓜、藜麥、紅藜、芝麻……等等十來種配料，最後為什麼決定要用蕎麥？「這種搭配最好吃，口感、香氣跟肉鬆很融合。」老闆還說，蕎麥含粗蛋白、粗脂肪、膳食纖維、維他命B1、等多種微量元素，還有豐富的維生素P、對於血管有保護作用。

　　「高纖蕎麥肉鬆」有多重的香氣，蕎麥先炒過帶有酥脆口感，飄出類似烤餅乾的麥香，加上傳統肉鬆的香氣，咬起來鬆軟的豬肉纖維裡藏著脆香的蕎麥，完整詮釋1加1可以大於2的道理。劉老闆表示，有個日本媽媽，每三個月要回去日本看婆婆，一定會來買好幾包帶去孝敬長輩。相比許多其它廠牌，大部分肉鬆產品都用芝麻來搭配，劉老闆覺得芝麻的香氣太搶戲，而且芝麻的油脂也會比較多，比較容易壞掉產生油耗味。

▲ 柳橙肉乾

　　「柳橙肉乾」當柳橙遇到肉乾究竟會產生什麼樣的火花？這可以說是台灣肉乾界的創舉，剛開始先小口品嘗，沒想到果香豐郁，肉乾厚又多汁，恰似粵菜中的人氣料理橙汁豬排。劉老闆解釋，為了有真實香味，不是用橙汁，而是義大利進口的真實鮮橙果粒，而且口口吃得到、十分明顯，分量客人看得到，「因為水果都有膳食纖維，要吃大魚大肉，也要膳食纖維帶來的健康。」

　　果粒包含果肉與橙皮，所以有柑橘類油脂特別的清爽香味，感覺就是以健康為出發點。劉老闆說他試過很多種蔬果，有蔓越莓、草莓、鳳梨、地瓜、覆盆子……，有些聽起來很時尚，但是都不合格，不是味道做出來都不搭，就是香味留不住，最後找到義大利人做麵包烘焙用的蜜製鮮橙果粒。

▼ 杏仁脆片

「杏仁脆片」是台灣過年幾乎家家戶戶都會買一包來嘗嘗的零食，霽月的杏仁脆片口感完全不同，除了肉香、杏仁香，肉片厚度是市售的五、六倍，咬起來有扎實豬肉的嚼勁，可以滿足喜愛大口嚼肉的肉食控。劉老闆：「別的廠商做肉紙，我就是不一樣，要做有厚度的肉乾脆片，除了吃起來有口感，CP值高，還有一個特色，就是肉厚上面的芝麻、杏仁就能加得更多，材料口味更均衡，保證吃了會忘記肉紙。」

集美蚵嗲

數百年歷史的美食
永難忘懷的餐點

集美蚵嗲

📍 新北市三重區集美街 127 號

📞 0933-046-573

🕐 11:00 ～ 19:30

📅 公休日　週一

　　蚵嗲又有人叫它扣仔嗲，這種美食的起源眾說紛紜，其中較廣為流傳的有 2 個，其一是國姓爺鄭成功驅逐荷蘭人，當時因為缺乏軍糧，伙房發明了蚵嗲給士兵充飢。其二的說法，是福州某個賣粿仔的小販，因為生意差，晚上做夢突然夢見神仙指點，就發明了蚵嗲。這 2 種說法南轅北轍，卻無損於它平民海鮮美食的地位。在古老務農的年代，蚵嗲可不是路邊小吃，而是一年吃一次的年節大菜呢。

　　有些美食的歷史淵遠流長，就例如蚵嗲，同樣是炸物，歷史可能比鹽酥雞要早上數百年！「集美蚵嗲」的劉淑卿悠悠的說，「我可以説是一個超級愛吃蚵嗲的人，從年輕時候就想著要讓更多的人知道，我們的傳統中有一種這麼好吃，讓人永難忘懷的古早味炸物。」

　　在南投竹山長大的劉老闆表示，鄉下小地方沒有什麼路邊攤，可是在菜市場的旁邊，一定都會有一攤台式傳統的炸物，其中最美味、最好吃的就是蚵嗲。帶著推廣蚵嗲的夢想來到了三重，恰巧來到集美市場落地生根，「當時我覺得這個菜市場有很多熟食攤，但是怎麼都賣一樣的食物，卻沒有賣蚵嗲？正好，讓我開展了推廣古早味炸物的夢想。」

　　「當時我剛來三重，當我開了一間蚵嗲，旁邊甚至有人不知道有蚵嗲這種東西，這些人對炸物的認知是雞排、鹽酥雞。慢慢我經營了很久，愈來愈多人發現，原來傳統炸物點心這麼好吃！」附近國中、國小的學生原本不曉得這種美食，劉老闆説：「希望帶給我們的年輕人，一些應該流傳下來的味道，不要只是吃速食店。」

　　這些老東西比現在大家的認知更有創意，大家印像中的蚵嗲就是包蚵仔；但是走進南部菜市場，蚵嗲裡面的東西可不只是蚵，有人包蝦仁、有人放溪蝦，甚至有蘿蔔糕、地瓜，看得出來台灣人的創意，真的無限。

125

不管是賣哪一種小吃，只要有一批忠實老主顧喜歡吃，都能成為老闆持續做下去的動力。劉老闆指著馬路上來來往往的小黃，「有個開計程車的運將，每天吃飽飯後，專門來這裡買一塊炸香芋片，有一次我就問他，你開計程車專門來買一塊芋頭嗎？他很認真回答我，他就是喜歡吃我家的炸芋頭。」

集美蚵嗲的芋頭唯一指定大甲芋頭，劉老闆說，大甲芋頭的價格會很誇張的浮動，有時候上下竟然會突然漲 70% 到 80% 的價格，但是老闆依然堅持要用大甲芋頭。

集美蚵嗲的炸地瓜也十分特殊，老闆娘選用相當高級的「台農 57 號」，屬於黃肉的品種，炸熟後軟綿還帶著蜜香。

劉老闆每天挑選最大顆的芋頭與最大顆的地瓜，削皮以後切片、沾粉漿下油鍋製作。「最好的食材，做最有品質的小吃」，劉老闆認為客人可以吃得出店家的用心，「連我的兒子都說，不管去哪裡吃芋頭，還是覺得家裡的最好吃，我相信這絕對不會是溢美之詞。」只要有用心，客人一定吃得出來，老顧客的支持，就是對小小的傳統小吃店最大的回饋。

集美蚵嗲的攤位上，有一個食客們公認最有特色的炸物，就是香脆又新鮮的韭菜捲，劉老闆很自信的說：「全三重應該沒有人會賣韭菜捲，因為太複雜；做生意就是要利潤高賺得多，又要省工」；韭菜捲取新鮮韭菜，洗淨後用電扇吹乾，接著然後用韭菜捲起來綁好，如果沒有綁好，沾裹粉漿下油鍋馬上就會爆開。炸好的韭菜捲切成小段，沾上醬汁後十足的下港的風味。「我住在竹山時特別愛吃韭菜捲，每次只要父母帶我出門，一定堅持要吃一份。」

▼ 鮮甜美味「蚵嗲」

　　「集美蚵嗲」的蚵嗲就是跟一般坊間的不同！正統的蚵嗲裡面應該有些什麼？劉老闆把記憶寶箱打開來盤點，「我第一次吃到台北的蚵嗲，那時候心裡好開心，因為台北其實不容易找到這種南部小吃，可是我一咬下去，心裡就滿滿的問號。這距離我的回憶差太多了，裡面包的是高麗菜、紅白蘿蔔絲？」

　　「好吃的蚵嗲在於如何襯托出蚵仔鮮美的味道」，劉老闆解釋，所以要用輕淡、簡單的蔬菜來表現，傳統的蚵嗲只用高麗菜、韭菜、黑胡椒等等，「這麼簡單就是真正傳統原始的風味，因為好吃是不需要太多的配料的。」因此蚵仔的新鮮非常重要，「集美蚵嗲」使用每天新鮮直送的東石蚵，製作時大家眼睛都看得到蚵仔十分鮮美肥大，教人直吞口水。

　　來攤子上的客人，不管是點哪一樣餐點，拿起來就是吃光光。劉老闆開心的分享：「曾經有客人跟我說，我家的粉漿非常特別，其實就是古早的做法，用我自己記憶中的口感調配出來。」裡面使用了糯米粉、黃豆粉等等5種以上的材料調配，炸出來的蚵嗲外皮香酥，裡面柔軟香甜，不會油膩。「一定要搭配特選的醬汁，這是特別從南部運上來的橘色辣椒醬，就是要這一味，最後再來一碗『豬血湯』，才能表現傳統蚵嗲的老味道。」

名聞全台的胖老爹，有吃過就知道——炸香裡飄著淡淡奶香的超美味炸雞，不過，這個風靡炸雞控的味道是怎麼來的呢？而且不是每一間胖老爹的口感都相同，因為胖老爹是加盟連鎖，每位老闆製作的手法竟然還是有點差異，我們在三重找到這間超好吃的胖老爹，願意透露好吃祕訣，真的是皮脆肉嫩又爆汁，老闆還特製別家沒有的餐點「炸地瓜」，光走到門口就覺得自己很罪惡，減肥又要破功啦。

「三重人的舌頭挑剔應該是世界知名的，想要不被嫌，每個步驟都要做到最好。」「胖老爹美式炸雞-三重重新橋店」老闆徐士傑說，「現炸多汁」是最重要的，現點現炸，用高溫一次鎖住肉汁，讓每個客人都能吃到最香嫩的炸雞，現吃還會噴汁呢。

徐老闆解釋，像是其他連鎖炸雞，很多為了能快速出餐，都會先把雞肉炸起來放保溫箱，但放太久雞肉會變得很乾，只好吃炸雞配可樂。如果擔心點胖老爹炸雞會等太久，請先電話預約就好囉。

「胖老爹為什麼紅？不是因為那些邊走邊吃的美食節目，而是『口味就是ㄟ合』」，徐老闆說。大家吃炸雞都會嫌油膩，胖老爹的味道特點就是清爽，炸雞粉也不同，特色除了有奶香，一般炸雞放涼加熱會冒出明顯油膩感；「胖老爹」的炸雞冷掉後，不管是冷的吃或是再稍微加熱吃，一樣吃得到奶香味。對於網友常批評胖老爹連鎖店分店品質不一，徐老闆解釋，「要做出特色就要肯下重本，東西才不會打折扣，簡單來說，就是要求要比總公司還嚴！尤其是這裡屬於社區型的，一但口碑不好，傳言就很難聽。」

炸油的品管最重要，因為胖老爹是現炸現做，而炸油有一定的壽命，壽命快到了就會飄出油耗味及稍微的焦味，「這時候用化學檢測數字還正常，但味道就是不好，接著品質會愈來愈差，只要稍微有點味道，立刻要整鍋換掉。」炸雞粉怎麼撒也是技巧，要讓他平均分散，不然客人吃起來一口不辣，一口很辣，下次就不來了。

胖老爹美式炸雞（三重重新橋店）

📍 新北市三重區重新路四段 55 號

📞 02-2976-667

🕐 11:00 ～ 00:00

📅 公休日　無

炸的時間是祕訣中的祕訣,「雞翅、雞塊、雞腿,炸的時間都不一樣,這個總公司不會教,都是要自己拿捏。所以下油鍋的順序就會不同,還要配合一些其他小型的炸物,整個流程時間要互相搭配,時間不浪費,客人才不會等太久。」

三重重新橋店一天要賣超過100斤炸雞,徐老闆說,看客人的反應就知道自己做得好不好,「我們有位常客,每次都是一個人來,點一桶全家餐,坐在門邊的椅子上,看著店裡的電視,邊吃邊喔露(稱讚),一桶雞就啃完了,那瞬間真的很窩心。」

徐老闆偷偷說,雖然同樣是胖老爹,其實每間店不一樣的原因很多,聽到會讓人大吃一驚,例如最重要的一點,「三重重新橋店的肉就是比較大塊,一樣是生鮮的雞肉,但是大小不一樣;同樣的重量,有的一袋20塊,這裡我進貨是一袋17、18塊,當然,這會讓我賺得比較少。但重新橋店是社區型,要做口碑、要讓人家覺得這裡的肉比較好,客人認為花錢值得、分量夠,自然就會再回來買。」

波霸薯條
洋蔥圈

泰式風味 泰式雞翅（四支）

另外，「重新橋店」的炸雞會比較清爽，是因為油也不一樣，採用南僑的油脂，炸出來的炸雞特別不油膩，徐老闆臉上有一點苦笑：「但是價格也特別高，是別人的 4 倍，好貴啊。」

老闆有沒有心真的很不一樣，走進「重新橋店」會發現除了一般胖老爹的 MENU 套餐，竟然還有店家特定餐點？徐老闆解釋：「只要不跟炸雞品項衝突，也是可以賣其他東西」。除了炸雞薯條以外，「重新橋店」的獨家餐點是「炸地瓜」。

地瓜是老闆與家人親自手削自己做，「是小炸物裡面賣得最好的喔」。徐老闆還發明了地瓜的獨特炸法，先下油鍋 2 分鐘就撈起來，因為一次炸透會爛掉，分 2 次炸吃起來才不會軟軟趴趴，香氣也會出來。還有一個「冰淇淋」，徐老闆笑著說：「所有胖老爹沒有一家有，只有我們有，總公司也沒有在賣，但我們這種行業也是有四季之分，冬天吃炸物的人比較夯，所以夏天我加賣一種冰品，也可以讓生意好一點。「這機器很特殊，讓大家可以自己動手做冰淇淋，一顆剛剛好是一個冰淇淋的量。」老闆緩緩地說：「時常給客人一點新奇，每次來都好玩，固定客人才會常久。」

螺絲捲（原味、煉乳）

KAWA HAI

KAWA HAIR ｜ 地址：新北市三重區重安街82號 ｜ 預約

讓你愛上自己

三重時尚造型髮廊　平價奢華的美髮享受
預約制/備茶品、點心
(設有二人VIP房，閨蜜/情侶/夫妻/母女)
私密的共享時光

K.H
KAWA．HAIR

 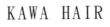

溪尾街

國道一號

中山高速公路

三和路四段

仁愛街

28

龍門路

忠孝路一段

正義北路

三和路三段

六張街

31

33

三重國小站

三和路二段17

自強路二段

大智街 29

34 27

32

自強路一段

30 26

三和路二段

104

大仁街

	㉖	燒肉眾 精緻炭火燒肉 （三重自強店）	📞 02-8985-7538 📍 自強路一段 175 號
	㉗	施家豆花 & 上億鍋燒麵	📞 施家豆花 0979-627-775 上億鍋燒麵 0918-426-791 📍 大智街與自強路口
	㉘	MAX Coffee	📞 02-2976-9465 📍 龍門路 148 號
	㉙	達雅富茗 茶莊	📞 02-2981-0837 0932-245-552 📍 大智街 81 號
	㉚	TNT 美式 炭烤牛排 三重店	📞 0988-234-151 📍 自強路一段 286 號
	㉛	MKF Food 什麼・魚	📞 02-2988-5872 📍 六張街 28 號
	㉜	雪花堂	📞 02-2986-8566 📍 大智街 49 之 1 號
	㉝	阿柑 鹽焗甘榜雞	📞 02-2987-6767 📍 三和路三段 26 號
	㉞	真花燒肉	📞 02-8981-0707 📍 自強路一段 191 號
	㉟	永晉藥膳坊	📞 02-2976-1281 📍 萬全街 72 號 1 樓

龍蝦飆破ＣＰ值 頂級牛排吃到飽

三重自強店

精緻炭火燒肉

燒肉眾‧

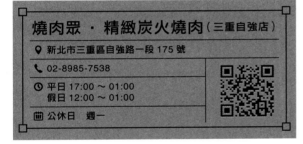

爽爽吃到飽的燒肉，而且還有無限量的大蝦、海鮮，配上好沾醬，就是肉食控們心中不變的宇宙定律，「沒有這些一切免談，通通都有價格好談」。是不是有人聽到這樣子的心聲了？「燒肉眾」的名氣在三重一直響噹噹，來吃過的人都說 CP 值超高。他家食材的重要特色，就是調味簡單、很少醃漬，因為肉好不用調味料來蓋住味道，而且貴重食材一樣無限量，不怕客人吃才是好燒肉店啊。

曾經有網友為「燒肉眾」寫下 4 大特色，第一是肉新鮮、調味簡單，一般的燒烤店好像花樣很多，但有時候是為了掩蓋食材沒那麼新鮮，所以有大量的醃製品，或是放在醬料裡一起烤，「燒肉眾」的肉排都是簡單擦上燒肉醬汁而已。

「燒肉眾」第二特色是食材高檔又特殊，許多其他燒肉店單點一份 6、7 百元的食材，例如紐約客厚切、蔥燒牛舌，天使紅蝦、和牛等，在這裡可以吃到飽。第三是價格親民，從店裡平日滿滿的人潮看得出來，想吃得飽 499，想吃得好也才 899。第四個特色，是用真正炭火烤，因為炭火溫度穩定，烹調上可以保留肉品的原汁原味，而且烤出來更香。

燒肉眾・精緻炭火燒肉（三重自強店）

📍 新北市三重區自強路一段 175 號

📞 02-8985-7538

🕐 平日 17:00 ～ 01:00
　　假日 12:00 ～ 01:00

🗓 公休日　週一

▼ 這樣吃最超值

「燒肉眾」從最便宜的等級，就有 40 多種的豬肉、雞肉、海鮮、主食、沙拉、甜點等等可以選擇，其中大家最愛吃的雪花豬，或者是最近很流行的鹽蔥梅花豬；還有燒烤之中最下酒的七里香（雞屁股），加上各種的白蝦、魷魚、柳葉魚一字排開，任饕客們吃到飽。

如果再增加 100 元，往上調升頂級饗宴等級，菜單選擇瞬間暴增，美國安格斯黑牛嫩肩，或是特級雪花牛、黃金椒鹽松阪豬、孜然羊小排等。還覺得不滿意嗎？再加 100 元，各種的牛排紛紛上架引誘人變身大胃王，肋眼沙朗、美國安格斯黑牛厚切牛排、精選蔥燒牛舌、起司烤生蠔，甚至西班牙伊比利豬五花都現身！如果時節正確，可以再升級龍蝦饗宴，波士頓龍蝦、南美野生龍蝦 2 選 1，最酷是隨你狂吃日本鹿兒島 A5 級和牛漢堡肉、阿根廷天使紅蝦。

三重自強店長柯育宏跟大家說明最超值吃法：「當客人選擇好吃到飽價位之後，可以加少少的 50 元，就能享受價值數百元的優惠。比如最基礎的超值饗宴，加 50 元就有美國安格斯黑牛嫩肩一份，頂級饗宴加 50，有美國安格斯黑牛厚切牛排、嘉義東石鮮蚵等 3 選 1，最高等級的龍蝦饗宴，加 50 元竟然可以享受鹿兒島 A5 日本和牛吃到飽！」

▲ 好牛肉怎麼烤？

「燒肉眾」的眾多客人裡面，其實有非常多是專門來吃牛排的，因為牛排店一份頂級美國牛排超過 1 千大洋很正常，但是在「燒肉眾」卻只要少少的數百元，而且還無限量。但許多饕客來這邊遇到的第一件難事，就是「牛排要怎麼烤？怎麼烤出 7 分熟？」柯店長表示，遇到好的食材，像是牛排、龍蝦，其實可以請店員幫忙，但是自己來也很有樂趣。

「因為我們使用的是炭爐，牛排正反兩面先烤上色就好，稍微夾起牛排休息一下，讓餘溫穿透到中心，再剪成好入口的條狀，放下去烤側面，讓每一面都烤成肉色，可以鎖住肉汁，掌握住時間，就能自己烤出 5、7 分熟、口感好、味道香的牛排喔。注意要有一個停頓的時間，比較容易保留肉汁，不能一開始就直接烤到乾。」

「其實每個部位、每種肉吃法不一樣，就有不一樣的烤法，例如厚切牛要烤七分熟、伊比利雪花豬全熟之外還要帶點微焦才好吃，關於這些燒肉的小祕訣，到台灣 12 家分店都能有同樣的服務喔。」

▲ 最有特色的配角

　　說起燒肉，除了肉質部位要對、海產夠鮮，最重要的第一配角大家都會想到「沾醬」，沾醬好壞也決定了燒肉的成敗關鍵。「燒肉眾」的 2 種超有特色獨門沾醬，細心品味的人必定會印象深刻，第一種是日式味噌醬，利用味噌本身發酵的鹹香重，搭配日式清酒製成，喜歡重口味朋友的首選。

　　第二種南洋水果醬，是開店至今沒換過的配方之一，也是廣受客人好評的醬汁。柯店長解釋為何如此受歡迎：「以大量的各種水果，配上長時間的熬煮，把香氣、甜度、酸度慢慢煮出來，裡面完全沒有加糖，靠本身的味道做出酸、甜的層次感。」實際品嘗時，水果醬不僅清爽，還有淡淡香氣，柯店長透露：「我們加了些許的葡萄酒去熬出來的，可以消去燒肉的油膩，味道提升一個檔次。」另外，吃牛排時一定要沾的玫瑰鹽，在桌上也不缺席，畢竟有很多人專門來這裡吃高檔牛排的。

　　「我自己想推薦搭配的小菜：招牌黃金泡菜」，柯店長開心的說明：「黃金泡菜是『燒肉眾』的獨家胡麻醬配方的，跟一般泡菜不同的地方，我們讓它搭配燒肉吃不會那麼酸那麼辣。」客人們最推薦搭配方式，用燒肉包著黃金泡菜一起吃，酸爽與蒜香、芝麻香與燒肉合而為一，不論什麼肉都在瞬間得到了昇華，飢餓的腸胃也擁有了極究的滿足。

施家豆花&
上億鍋燒麵

大有來頭美味

甘甜清爽還能千變萬化

　　住在一些舊社區的朋友，或許有過類似的經驗，巷子口總有幾個小吃攤，也許是阿婆乾麵又或是阿公滷味。天天見面打招呼，也是晚餐的灶腳，有時剛買了大包小包，還能借攤位放一下？這些可愛的阿公、阿嬤，有時像是自己最親近的朋友。不過這是我們的看法，大家知道這些阿公阿嬤看老顧客，是什麼樣的想法嗎？在三重區大智街與自強路口，有一對可愛的姊妹擺攤，我們來聽聽她們說什麼。

施家豆花 & 上億鍋燒麵

📍 新北市三重區大智街與自強路口

📞 施家豆花 0979-627-775（10 碗可外送）
　　上億鍋燒麵 0918-426-791

🕐 16:00 ～ 24:00

🏛 公休日　週日

豆花攤裡最招牌的當然就是豆花，施媽媽選用非基因改造黃豆，自己磨、自己煮，吃起來豆香飽滿，彷彿陽光般溫暖，是道地的古早味。豆花搭配的各種甜品，例如花生、芋圓、蜜芋頭、黑糖粉粿、煮鳳梨……幾乎都是施媽媽用布滿風霜的手，細心為客人準備。

「哇，蜜芋頭好好吃」，聽到讚美，施媽媽拉開了話匣子，「蜜芋頭這要蜜很久，因為有糖要很小心，煮時候要在旁邊盯著，差1、2分鐘就燒焦了，要熬到水都乾了，糖都進去了，才會那麼好吃。」

又Q又香的芋圓又是怎麼做出來的呢？施媽媽說，這可是最好吃的，是印尼師傅留下的最佳配方比例，「我家的芋圓有3個顏色，有芋頭、紫地瓜、地瓜，就是要鮮豔才漂亮。好的芋圓放在外面太陽一晒就融了，像我做的芋圓，只用新鮮的地瓜或芋頭蒸熟打泥，加地瓜粉，再加太白粉，全部都是天然的材料。」

施媽媽對食材可是如數家珍，花生一定要用宜蘭的，因為宜蘭是沙地，沙地種出來的花生才好吃。我的糖都用冬瓜糖來熬，跟別人家都不一樣，絕對沒有工業果糖，吃起來健康，還多一個冬瓜的清香味道。

「施家豆花」的施媽媽、施李秀琳，在三重擺豆花攤已有4年多，開業的理由不是為了賺錢，「想想自己年紀有了，可以賣賣東西不要成為小孩的負擔」。一個人孤零零擺攤，心中難免缺了什麼；剛好碰到隔壁的攤位退租，施媽媽想起國中同學陸文容，正想退休找事情做，於是邀請好姊妹陸媽媽，一起來開小吃攤作伴。一邊豆花攤、一邊鍋燒麵，「我喜歡有伴，過了40幾年還可以當隔壁鄰居，還能跟學生時期一樣天天見面，真的難得；我很珍惜這緣分」，施媽媽感性的說。

施媽媽的豆花可是大有來頭，有位在台北很有名的冰品甜點師傅，因為要回印尼，特別在回國前把一生絕活教給她。加上自己一家人都愛料理，施媽媽的大女兒、三女兒、兒子，3人都有餐飲執照，作甜品也是信手捻來，孫女因為天天吃阿嬤的純手工豆花長大，從小就說：「我將來也要賣豆花。」

「我來這邊退休養老、交朋友」，年過60，鍋燒麵攤的老闆陸文容總是帶著滿臉笑容，在擺路邊攤之前，她也不曉得賣鍋燒麵還能有另外一種收穫。「這一帶好多巷子、矮公寓、出租套房，有很多剛出社會、單身北上打拼的人來這邊租房子，這些人都是好朋友。」

「在這邊做生意，大家吃得開心就好」，陸媽媽輕鬆地聳聳肩，跟客人做朋友、還是要做生意？在她的心中沒有界線。曾有客人要求青菜多一點、麵多一點，陸媽媽都會輕鬆的答應。還有客人說家裡3個小孩，一碗麵裡只有一隻蝦子不夠吃，就讓他加一點錢，放了6隻蝦子。陸媽媽：「我也有小孩，將心比心，我希望他們在別的地方能受到好的照顧，看到客人的小孩就像是自己的小孩一樣。」

天天幫這些孩子煮麵，見面多了，真的就像自己的孩子。陸媽媽回想，有個招募憲兵的阿兵哥，常來這裡吃消夜；有天跑來問有沒有白飯？原來阿兵哥帶了一包好吃的肉醬，想分享給她。「後來他有弄給我，真的好吃，很窩心的孩子。後來他交了女朋友，也帶來這邊吃飯；我想，這就是生意最大的回饋吧。」

◀ 鍋燒麵

陸媽媽的鍋燒麵不只感情洋溢，也有滿滿真材實料。她的鍋燒麵配方來自小吃界的教母莊寶華，加上自己每天上菜市場挑食材、熬湯、備料，把一身所學全部用上。

鍋燒湯的湯頭最重要，是所有變化的基礎，陸媽媽每日熬煮大骨蔬果湯，以豬大骨為主，不加味精。其他還要各自斟酌，加蔬菜，白蘿蔔、紅蘿蔔、番茄等等調配，讓湯頭有甘甜清爽的底蘊。

有了好湯頭，她的鍋燒麵開始千變萬化，雖然只有一個小招牌，各種搭配可是很豐富。基本的主料有4種：海鮮、牛肉、豬肉、羊肉；麵體有烏龍麵、意麵、雞絲麵、米粉、冬粉5種，甚至還能做成湯泡飯。還可以額外加韓式泡菜、起司，也可以加味成綠咖哩，還有其他食材隨你搭配，可以做綜合湯、蛤蜊湯、蔬菜湯、炒烏龍麵……上百種的選擇，讓看似簡單的鍋燒麵變成大千世界，餵飽云云眾生。

143

MAX Coffee
馬可斯
自家烘焙咖啡

台灣文化風味咖啡　配正統比利時鬆餅

雖說大台北總給人一種步調繁忙的感覺，在這個彷彿永遠快轉的大城市中，仍然有不少地方能讓人「世界越快心則慢」，例如路上處處可見的手沖咖啡館。咖啡文化在台灣愈見成熟，特色咖啡館林立，有店家標榜義式濃縮式，也有專賣酸如果汁的咖啡。究竟好咖啡喝進嘴裡應該是什麼味道呢？三重的「MAX Coffee」，卻被許多嘗過的鄉親、厝邊頭尾都稱讚它是「正港台灣風味咖啡」。

「享受咖啡在生命裡跳躍，專屬於你的每一杯咖啡」，三重區龍門路上的「MAX Coffee」，是自創品牌的手沖咖啡館，創辦人陳威廷對於咖啡風味有自己獨到的見解：「不管是酸、是甜、是苦，必須是能讓你喜歡喝，才是好咖啡。」

「人生就跟咖啡的滋味一樣，有苦、有甜、有香氣」，陳威廷自創品牌，三重是第二間分店，他對於創業的甘苦早已看穿透徹：「我們這一輩很辛苦，不創業就沒有機會，人生跟我的咖啡一樣，不要只是苦，要甜、要香，人生才能堅持下去。」

拿起咖啡與奶泡，陳威廷隨手就拉出了一隻孔雀，又接著拉出了一隻飛龍。精湛的拉花手藝，竟是自學而來？陳威廷敘述，當時他一個月花上 1 萬 2 千元的牛奶錢，總共用掉 200 多瓶牛奶，把當月薪水都拿來練咖啡拉花，報廢的咖啡拿鐵就是請身邊的人喝，喝到親戚鄰居都怕了。「每天練習，第一個月會覺得心很痛，但是花了這麼多錢，下個月就打好基礎、變強了，不用再買那麼多牛奶了。」

「我們堅持，客人今天、明天，甚至下個月、明年來喝咖啡，都可以喝到一模一樣的味道。」陳威廷說，喜歡並堅持做一件事，是很辛苦的，但是當我們有所堅持，市場就會認同我們的付出。為了達到要求，「MAX Coffee」的烘豆機數位化，全自動的機器。陳威廷解釋：「原本的數據是機器製造商提供的，但是我們需要完全自己掌控味道，所以自己改連結線，做系統軟體，一切都為了堅持最好。」

MAX Coffee

📍 新北市三重區龍門路 148 號

📞 02-2976-9465

🕐 07:00 ～ 22:00

🗓 公休日　無

　　台灣咖啡是什麼味道？陳威廷表示，其實台灣大多數的人都不喜歡喝偏酸的咖啡，台灣人對咖啡的喜好跟日本比較接近，要濃香甘醇。跟歐洲或是東南亞又不一樣，歐洲人對苦澀的接受度很高，東南亞的人喝咖啡，要加煉乳、糖。「MAX Coffee」找出了台灣人的最愛，「用中南美洲的豆子，從生豆、烘焙、製作，每個環節都要完全按照客人喜好，自己設計，呈現濃郁的堅果巧克力香，這就是台灣人最愛喝的味道。」

　　一杯手沖咖啡配上手工餅乾，是簡單又能細細品嘗咖啡的好方法。陳威廷說：「大都數人講不出來他喜歡什麼風味，帶果香味？喜歡苦的？店內目前有 6 種手沖咖啡，店員會介紹，會建議客人喝喝看有什麼不一樣。經常發生原本不喝手沖咖啡的人，喝了馬上顛覆他對咖啡的印象，立刻又點一杯。要做符合在地文化的咖啡，不是自己說自己的咖啡比較好，而是要客人發自內心的喜愛。」

▶ 台灣水果茶＋
　焗烤德式香腸

　　除了咖啡之外，「MAX Coffee」的水果茶也很受歡迎，放了滿滿的水果切塊，例如新鮮蘋果、百香果、柳橙，一層又一層吃好吃滿的水果，不過最受歡迎的原因不是太真材實料，而是其中有神秘香濃的熱帶水果香氣。味道的來源是「MAX Coffee」自製的鳳梨醬，使用的是罕見西瓜鳳梨製成，製作過程完全天然無人工添加物。西瓜鳳梨是一種跟西瓜一樣大的鳳梨，重達 5、6 斤，而且更甜，還能引出所有水果的味道。

　　「我覺得甜的配鹹的，會碰出好滋味」，陳威廷笑著說，「MAX Coffee」的焗烤德式香腸堡，用德式香腸配上大亨堡麵包，店家自製的蜂蜜芥末醬，特別強調黃芥末的香氣，最後撒上乳酪絲焗烤，分量與香味讓人好滿足，男性都可以當正餐。

▲ OREO 脆片冰沙 + 草莓比利時華夫餅

「那次正好碰到一位比利時甜點師來台灣做華夫餅（鬆餅），我們跟他配合，還把真正比利時的味道移植到我們店裡，所以『MAX Coffee』的比利時鬆餅不是説説而已，是比利時人親自教的。」實際品嘗，比利時華夫餅外酥內軟，像麵包口感，又不是麵包，放了大量的珍珠糖，卻不會過甜。「因為真正高檔的進口珍珠糖會跟鬆餅融合一起，吃的時候只會有一點點口感，會感受到香味但是幾乎吃不到。」

舀起一匙 OREO 冰沙放進口中，餅乾的口感清晰的在口中出現，伴隨濃郁的奶味冰沙，「怎麼會這麼有口感？怎麼會這麼香濃？」原來「OREO 脆片冰沙」不是放已經打碎的OREO，而是在做冰沙的時候才放下整片的 OREO 餅乾。陳威廷拿出一片OREO：「如果要每一口都能吃到脆的餅乾，就要用整片下去打，一般店家用打碎的，做冰沙時幾乎都糊掉了。」

「我推薦草莓比利時華夫餅搭冰沙，各種顏色都有很繽紛，不只好看也好吃，熱的鬆餅配冰沙、酸的草莓配巧克力、有口感的冰沙配香軟的華夫，下午茶也可以玩味道反差萌喔。」

達雅富茗茶莊

好茶奉上賓

野生易武、六安、六堡

　　「茶、上茶、上好茶」的典故許多人都知道，見面出現「分別心」也是常情，要是這些人來訪：大客戶、老長官、岳父母、嚴公婆……，總不能買瓶茶裏王就想搞定，肯定要奉上好茶。不過什麼茶是好茶，怎麼泡茶才不會浪費一包好茶？最好的方法就是進去茶行找老闆磕……等會，是找老闆泡茶聊天、學習新知。三重大智街上就有這樣的好老闆「達雅富茗茶莊」，讓客人問茶、買好茶。

達雅富茗茶莊

📍 新北市三重區大智街 81 號

📞 02-2981-0837；0932-245-552

🕐 下午時段

📅 公休日　請參照 FB 公告

　　茶可以分為六大類：綠茶類、青茶類、紅茶類、黃茶類、白茶類、黑茶類。「達雅富茗茶」老闆李文盛用大開大闔的理論起頭，「只要是對的茶一定對人體好，什麼體質適合喝什麼樣的茶。像我女兒很小的時候就用奶瓶喝普洱，隔天他奶奶要把他奶瓶內的普洱倒掉，她還不開心呢，因為她知道普洱茶不放冰箱明天也不會壞。」

　　李老闆並不會一昧追求高價茶葉，他認為自己喜歡、適合自己才叫做好茶，不一定是名貴的才好。李老闆借用中醫的講法，紅茶類燥熱一點，綠茶、青茶微寒；黑茶性溫和，適合大部分人的體質。黑茶不是 black tea（紅茶），最常見的黑茶就是普洱。李老闆補充：「台大食品研究所多年前針對普洱去研究，普洱茶證明可以調節三高，而且新茶味道甘甜，價位適中；老茶會有陳味，價格較貴，端看個人喜好。」

　　黑茶不只有普洱，「達雅富茗茶莊」中有 3 種相當受歡迎的黑茶，野生喬木普洱、安徽六安籃茶、窖藏六堡茶，均屬於後發酵茶，也是所有茶類最低咖啡因，最沒有刺激性的，多飲用也不影響睡眠。

「喝普洱不是會拉肚子？」這是許多人聽到普洱的反應。李老闆對此有詳細解釋：「這種現象其實很少，沒喝過普洱的人有可能因為體質，就像沒喝過鮮乳，喝鮮乳前 2、3 天可能會拉肚子，可是常喝就不會。剛接觸普洱的人，剛開始兩三天，排軟便是正常的，因為它會促進你腸胃蠕動。」

「普洱原本是一個地名，因為以前雲南茶葉交易的地點在普洱，後來大家就稱做普洱茶。」李老闆對於茶類的淵博知識，從不吝惜分享給客人。喜愛普洱茶的人常說：「班章王，易武后」，又是另一種對頂級普洱──野生喬木普洱的分類。「易武茶山在雲南，西雙版納傣族自治州，是古六大茶山之一，本身茶質較甜軟、甘順，所以愛茶的人會稱他為茶后。而另外一個產地，班章村的茶就比較霸氣，帶有苦味，但入喉馬上化甘。」

野生喬木普洱的產地──雲南老寨，跟台灣茶的產地風貌差距非常大。雲南老寨十分鄉下，就很像台灣說的高山原住民部落，出入甚至只有泥巴路，車輛都難以進出，只能騎摩托車，山上製茶只能純手工，這樣的情況也保證生產出的普洱茶不受汙染。

茶樹更是完全不同，台灣的茶樹屬於矮種灌木，在山上種滿一片山，採收時請工人「彎腰」採嫩葉。野生喬木普洱的茶樹，是一棵大樹，在易武

老寨，都是 2 百至 3 百年以上的樹齡，嫩葉都在樹頂上，需要四方搭鷹架起來才能採收。而且茶樹是野生的，不會生長在一起，這邊一棵、那邊一棵。因為採摘困難，只能找寨子裡面的人自己採。李老闆說，當然也有「100 歲以下的小樹」，因為只有 2、3 層樓高，就請寨裡的小朋友爬上去採就好。

還有千年的茶樹，不過屬於國家列管，一般禁止採收，也不會有茶磚流到市面上，「如果有，就是騙人的」。

李老闆說明，他都會跟剛開始喝普洱茶的人說，來這邊先試喝，「你要喝新茶還是熟茶？」茶放愈久愈陳，陳化轉化後會轉成陳香，新茶則有新茶的清香。也有矮種灌木作的普洱新茶，不過一定會苦澀；如果要喝好一點的新茶，可以選喬木種，甚至野生喬木製作的。普洱熟茶是在 70 年代，有人研究出把茶葉加工的「渥堆」法，茶葉會快速陳化，新茶出來就不苦不澀，稱為熟普洱。

以易武來說，因為高海拔，新茶會帶蜜香，但是放久之後，茶葉轉化，愈放味道愈不同，沒有一定的味道，會出現樟香、蔘香、梅香、荷香、蘭香，這都是幾十年後的事，也因為如此，才有天價的老普洱茶磚出現，像是 40 年代的鴻運，現在一片要賣新台幣 300 多萬。

窖藏六堡茶 ▶

　　同樣是黑茶，廣西的六堡跟普洱也很不一樣，它是唯一窖藏的黑茶，市面上所有的茶沒有人窖藏。李老闆解釋，窖藏是為了加速陳化。茶廠先在窖場繁衍益生菌，稱為「發金花」，金花不是花朵，它是一種益生菌，名為「冠突散囊菌」，其實喝後發酵茶，都是在喝他的好菌。

　　喝好菌！所以六堡茶一直強調空腹也能喝，空腹喝清腸胃，而且他的脂肪分解酵素是所有茶類最高的，比普洱還高，吃飽喝消油脂，還可以除身體的溼氣。

◀ 安徽六安籃茶

　　以往港粵的茶葉市場有三大陳茶：六安、普洱、六堡。不過現在人們只知道有各種普洱，鮮少知道六安及六堡，其實有一批喜歡陳茶的人，都認為「六安籃茶」才是首選。

　　六安籃茶之主要產區位於安徽省六安地區，同樣屬於後發酵的黑茶，卻是灌木葉種的茶，所以味道與普洱大相逕庭。販售時把製作好的茶葉緊壓以竹籃盛裝，故稱「籃茶」，因為曾經上貢皇室貴族，外銷東南亞諸國的富商，在國外被尊為「聖茶」。20世紀初，在東南亞一帶出現流行性疾病，當時一位戴姓名醫以六安籃茶作藥引，治好了不少病人，六安籃茶可以做藥引治病的消息，從此不脛而走。

　　六安籃茶的特色在於它陳而不霉，陳而不爛，茶色黑亮香醇，入口細膩滑柔，甘香爽口。東南亞的人喜歡六安籃茶，是因為它有顯著的助消化功能，加上味醇生津，袪除暑溽，在長年溼熱天氣的港粵、南洋，六安籃茶更是消暑聖品。

TNT美式
炭烤牛排

三重店

一口就驚為天人

肉食控的天堂

　　在電影上或 YouTube 頻道裡，常常看到西方人的庭園，都要有一個大大的烤爐，因為他們超喜歡吃烤肉，跟我們一樣。但是西方人的烤肉跟我們的中秋 BBQ 有極大的不同，他們沒有烤肉片，是 1 到 3 英寸厚的「特厚牛排」，很難想像？不會啦，就是《航海王》海賊們叉子上那片厚到嚇死海盜的牛肉囉（自己嚇自己？），是的，那不是動漫，那是現實。這片嚇死人的牛排在三重也有，來「TNT 美式炭烤牛排三重店」大口吃肉吧。

　　「炭烤牛排的發源地在南美洲，當地人的平民美食就是很豪邁的把整隻野牛烤熟來吃。」只要客人們有時間，店長 Adi 會很熱心的介紹美式炭烤牛排，「我在 23 歲時去澳洲，那邊吃的東西都不便宜，我們都選擇回 share house 自己調理，有一次在 BBQ，我看到那些西方人都是烤很厚的牛排。『這可以吃嗎？』我心裡想，一吃驚為天人，回到台灣都還念念不忘，那牛排的味道很純粹簡單，只有灑點鹽就上烤盤。」

　　台灣流行碳烤牛排的時間並不久，約莫是在2009 年左右，Adi 當起牛排歷史小老師：「很久以前在台灣吃美式牛排，卻不是木炭烤出來的，那些是台式鐵板牛排。因為是西餐廳，大家就覺得是在吃西餐，不覺得自己在吃台式鐵板牛排。西方人的碳烤牛排也跟我們心目中的很不一樣，我在澳洲很少看西方人吃到 3 分熟、5 分熟，他們很多都吃全熟，跟台灣人一樣喔。」

TNT 美式炭烤牛排（三重店）

📍 新北市三重區自強路一段 286 號

📞 0988-234-151

🕐 平日 12：00 ～ 15：00；17：30 ～ 22：30
　（最後點餐 22：00）
　國定例假日 12：00 ～ 22：30
　（最後點餐 22：00）

🗓 公休日　無

153

「頂級美國極黑牛沙朗」選用美國 Prime 級的牛肉，美國農業部將牛肉品質分為 8 個等級，最高等級就是 Prime，不僅肉質細緻，脂肪分布均勻，而且數量非常有限，僅佔所有美國牛肉的 3% 不到。

Adi 對牛排的知識非常豐富：「沙朗牛排也可以叫肋眼，很多人不知道其實它們是同一家人，把沙朗切掉這塊新月形的上蓋肉部位，剩下的就是肋眼，位置在牛後腰脊柱兩側到牛胸脊的部位，圓形的肋眼口感細嫩、油花均勻，筋膜以外的上蓋肉是最精華部味，油脂密集，口感也最嫩，又被稱為『老饕肉』。」

店內的牛排都是原肉，也就整塊 5 公斤左右的頂級牛肉直接進來馬上冷藏，強調原塊的味道，這也是「TNT 美式炭烤牛排三重店」便宜的關鍵。店家要自己修筋（將多餘的筋切掉），要自己分切，「原肉的特性就是每一塊都不同，就像是人的長相，人人不一樣。都是沙朗，每條牛的油花密度就是不同，可能常客今天吃，跟 10 天後來吃會感覺些許口感上的差異。」Adi 解釋，「但保證每一塊都是 Prime，童叟無欺。」

沙朗什麼熟度最好吃？以 Adi 專家的角度推薦 5 分熟：「台灣的客人喜歡比較熟，8 成會說：『不想看到血水』，我都會跟客人説清楚，那不是血水，當初在屠宰的時候血已經放光了，紅色是牛肉裡的肌紅素，對人體是有益的。民間常說吃牛肉補血，就是要吃肌紅素。因為肉烤得愈熟，肉愈會收縮，把所有肌紅素擠出來，反而會看到更多肌紅素的肉汁。」

「美國安格斯黑牛頂級上肩牛排」也是選用美國 Prime 級的牛肉 16oz，Adi 介紹這塊部位的神祕之處：「剛剛有提到，店內的牛排都是整塊 5 公斤的原肉，所以部位會有很明顯的差別，肉質最軟的在前段，適合 3 至 5 分熟，中段則建議 5 至 7 分，後段就會建議 7 至 9 分熟；最簡單分辨的方式，當然就是問店員，我們的服務很親切。」

店長在這裡透露了一些小祕密，為何外面的牛排店很少在跟顧客説上肩牛排要分前中後段？「因為有些牛排店不管什麼肉，吃到嘴裡都是軟，因為這有可能是泡了酵素。如果今天你跟幾個朋友一起去吃牛排，大家點的部位不一樣，可是吃起來軟硬的程度很接近，那是不是原肉？有沒有用酵素？就心照不宣囉。」

美國特選紐約客 ▶

「美國特選紐約客」選用極佳級 Choice 的牛肉，怎麼分辨紐約客牛排？紐約客的部位屬於牛前腰脊肉，脂肪含量較少，上面有一條牛筋，十分明顯。

Adi 介紹：「許多真正愛吃牛排的老饕，都很喜歡吃紐約客，因為肉中的牛肉味比較豐富，非常適合只做 3 分熟，那是紐約客最嫩的口感。我自己吃的時候，喜歡一口瘦肉、一口牛筋，非常搭配。」

◀ 辣味雞腿排＋ 炭火豬排

有時候來店裡的客人不一定想要吃牛肉，或是不能吃牛，這時候「雞豬雙拼」的「辣味雞腿排＋炭火豬排」，就是最受歡迎的組合。「TNT 美式炭烤牛排三重店」的豬比較特別，用台灣的黑毛豬，每一片差不多 5oz，一盤有二塊豬排，再加上雞腿排，份量非常的足夠豐富。Adi：「不管愛吃什麼肉，這裡都是肉食控的天堂喔。」

MKF Food
什麼·魚

傳統美味再進化

虱目魚也成為早午餐

MKF Food 什麼・魚

📍 新北市三重區六張街 28 號

📞 02-2988-5872

🕐 週二～五 11:00 ～ 15:00、17:00 ～ 21:00
　 週六、日 09:00 ～ 15:00、17:00 ～ 21:00

🗓 公休日　週一

　　談到虱目魚料理，身為台灣人如果沒有好好品嚐過，真的不能稱自己是台灣人喔。虱目魚肉質清甜、甚至帶一點清爽的果香。不管煎、煮、炒、炸、滷……都可以完美呈現。不過大家都會想去台南吃，鮮少有人想在北部試看看，老爺爺與小老婆走進這間「MKF Food 什麼・魚」，特愛吃虱目魚的我們立刻改觀，原來新北三重也有老饕級虱目魚祕境呢。

　　在「MKF Food」，除了門口掛了幾隻魚的布偶，一點都感受不出來這是間專業虱目魚料理，看起來就像是一個平常的 brunch 餐廳。座位上，許多媽媽帶著小朋友來這邊吃早餐，中午有阿公阿嬤在這裡尋找自己熟悉的家鄉味，下午是年輕人點杯飲料加三明治，拿著一本書，靜靜享受午後時光。就是一個這麼樣 Mix 氣氛與味道的店家，吸引著許多媒體、網紅來此訪勝。

　　「老家本來就是做虱目魚料理的」，老闆林松緻充滿親和力，對客人總能侃侃而談：「我國中就開始在家裡幫忙，洗鍋洗盤兼送餐，大學時我開始幫忙殺魚。小時候看父母手來回一揮，乾淨俐落把魚殺好了；自己在那邊鋸半天，沒殺半條魚還被魚刺卡住，這才知道父母工作辛苦。好幾年後我才勉強有個架式，但還不能端出去給客人吃，真的殺魚殺出師，我花了近 15 年時間呢。」

　　「MKF Food」剛開始是單純的古早味虱目魚料理，豆豉魚頭、魚肉粥、魚肚粥，就像是台南的鹹粥店。林老闆說：「我心裡想，為何沒有一個符合現代年輕人的用餐環境，為何虱目魚料理沒人這樣做？不如就我來開一間，很舒服的、很不一樣的虱目魚餐廳吧。」

　　林老闆把裝潢變得像咖啡廳，似乎改變很大，但他堅持有些地方不能改，例如魚貨；每天早上 5 點就得起床，因為從中南部產地直送的現撈魚貨已經到了。沒有隔天的魚貨、不用冷凍的魚貨，林老闆堅持每天新鮮現殺。寧願少賺也要維持品質，品項都是限量，賣完就沒了、提早收攤。

火烤虱目魚肚 ▶

　　愛吃虱目魚肚的人，在台北能找到的料理方式，離不開滷、煎、煮湯這幾種。但是愛吃魚的人也知道，魚肉最好吃的方式就是「烤」，「MKF Food」也想到用「火烤虱目魚肚」，來撫平虱目魚愛好者激動的心。

　　烤虱目魚是非常傳統的料理方式，「MKF Food」林老闆常在店內聊天談料理：「在三重、北部真的很少烤魚肚，我想日式料理很愛烤魚，台灣最好吃的虱目魚肚當然也可以烤；而且每次過中秋別人在烤肉，我們家都在烤魚肚。等到我們推烤魚肚出來，每年中秋都有好幾位客人跟我們訂新鮮魚肚，一次都訂 10 幾塊。」

　　客人用筷子夾起一大塊烤魚肚送進嘴，「不怕魚刺嗎？」放心，「MKF Food」的虱目魚已經幫大家去了魚刺，而且肉厚油脂又少。怎麼會有肉質厚實、油脂又少的虱目魚肚？林老闆幫大家解密：「只有我們這裡才有這種品質，在菜市場是買不到的。因為我們自己處理魚貨，我們會挑選中等大小，45 到 50 公分左右大小的虱目魚，太大的肉質會又柴又硬；還有肚子裡的油脂會剛剛好，是最美味的 size。」

　　「如何讓魚肚厚實？一般外面的市場處理無刺虱目魚肚的方式，是把魚刺的肉通通切掉，當然會讓魚肉少很多。我們為了要保留最多、最鮮嫩的肉，我們用人工的方式，把刺一根一根的挑出來，所以我們的魚肉看起來又厚又大塊，客人吃起來也很過癮。但是一塊魚肚從處理完到挑刺，要花 10 分鐘左右的時間，真是十足的手路菜。」

◀ 魚排蛋吐司

　　想要嘗試虱目魚料理的新菜色嗎？外面幾乎吃不到的「魚排蛋吐司」，可說是「MKF Food」最精緻的料理之一。使用的每條虱目魚中只有兩小條的魚柳肉，位置大概是等同豬的里肌肉，而且一份「魚排蛋吐司」要用到5隻虱目魚，才能做出一塊魚排，所以算十分珍貴。而這塊魚柳肉風味又比其他部位味道豐富，100%無刺，是最好吃的部分。

　　「魚排沒有人這樣吃，只有我這邊才有！」林老闆驕傲地說，為了完全激發魚肉的美味，先把魚肉切碎，要用黑胡椒、白胡椒、米酒、鹽及糖醃製入味，有一點類似軟化肉質的動作，與醃豬肉類似，再捏成一塊塊魚排。「吐司要挑全麥，搭配美生菜、番茄、酸黃瓜醬、雞蛋，都是為了要配合完美的魚排。」

◀ 魚肉蛋餅

　　品嘗了「MKF Food」魚排蛋三明治，還能有什麼樣更不可思議的創新呢？當然就是大家早午餐最愛吃的蛋餅。這裡的魚肉蛋餅是大人、小孩都喜歡的料理之一。「魚肉蛋餅」採用魚的背鰭下面的部位，一般拿來做虱目魚粥、豆豉魚的部分。因為這一部分較難去除魚刺，需要細膩的刀工，片成薄片。但是這部位也是虱目魚肉中風味相當獨特的一塊，吃起來充滿鐵質風味，相當營養。雖然有一點點刺，但是經過林老闆處理，基本上是不會刺傷嘴巴的，如果想要吃得營養又健康，絕對要試試看魚肉蛋餅喔。

雪花堂

IG臉書超人氣
冰品也有顏值天團

　　「這張照片在 IG 超過 100 個愛心了」、「剛剛的貼文按讚的人超多」，什麼地方有美美的餐點可以 Po 上網，讓自己吃美味又開心打卡？三重出現網美的必吃冰品店「雪花堂」，每一道冰品點心都是店長精心設計，而且不時推出驚奇新品，人氣指數破表，讓吃冰也成為生活樂趣。只要走進店裡，隨時有人在拍照打卡，送上的點心滿滿少女心，「哇！好厲害，原來冰品也有顏值天團呢！」

　　「上面的玩具太可愛，有時候會被客人會帶走，所以要買很多組」，「雪花堂」店長黃淑鳳聳聳肩，對於自家店內冰品太可愛所帶來的困擾，黃店長用輕鬆的微笑帶過。「雪花堂」的藝術冰品在三重早已經成為網紅、網美的瘋狂打卡地點，所有讓客人大呼「卡哇伊」的造型、想法都是來自店

長黃淑鳳，店內點單排行榜前 4 名，「海洋傳說雪冰」、「芒果物語雪冰」、「莓果之戀雪冰」、「雪花堂二重奏冰」，每次推出都讓 IG、臉書的討論熱燒好幾天。

　　創造多種讓客人「狂想拍照、不忍大吃」的藝術冰品，黃店長謙虛的說：「我只是腦子轉得比較快」。在「雪花堂」開幕前，她在駕訓班工作，因為上班時間太長，只想放慢腳步，做些自己真正想做的事業。「我唯一跟藝術的連結，大概是念書的時候讀美工，但我從沒交過作業啊。」

　　「雪花堂」的藝術冰品以透明圓球碗為創作素材，做出「一碗一世界」的童趣景緻，原來開店時的樣子卻完全不是那回事；黃店長回答：「一開始的手捧冰是三角形的呢，有次在材料行看見這顆圓球，還能打開！不僅做出來會比較好看，也比較符合我的想法。」

　　配合不同季節到來，黃店長絞盡腦汁，發明新的藝術冰品。像是 2018 年是世足年，「雪花堂」就推出了新的世足造型冰品。店員送上「世足抹茶冰」，圓球裡除了綠油油的足球場，還有 2 隊足球員正在球門前展現腳下功夫。「每年夏天都會有新聞記者來找我，看有沒有推出新冰品。」黃店長偷偷透露：「如果我下次要做草莓口味的，就會做粉色系，還會擺 Kitty 喔。」

雪花堂

📍 新北市三重區大智街 49 之 1 號

📞 02-2986-8566

🕐 平日 13:00 ～ 22:30
　 假日 12:00 ～ 22:30

🗓 公休日　週日

▲ 雪花堂二重奏冰

　　「雪花堂二重奏冰」是店內造型最可愛的品項，LINE 裡面的熊大與兔兔，從手機裡跳出來，在滿滿草莓、棉花糖、OREO 餅乾、爆米花的花園中散步，陪你品嘗甜蜜又有趣的藝術冰品。「熊大、兔兔！」馬上有小朋友忍不住，先把兩個玩偶拿出來，開始在桌上玩耍。

　　黃店長解釋：「雪花堂二重奏冰很受到年輕人喜愛，底下是英式伯爵奶茶冰，上面鋪滿各種大受歡迎的甜點、點心，各種不同味道口感的甜品放在一起，份量多也吃不膩呢。」

◀ 莓果之戀雪冰

　　「最受熟男熟女歡迎的是這一款『莓果之戀』」，外型像心型的蛋糕裡面卻是雪冰，上面還有 4 種水果點綴。把奇異果雕花成玫瑰，堆上滿滿心意的有草莓、藍莓、櫻桃，還有冰蝶在莓果之間飛舞，最後點綴白巧克力做成的小花。黃店長細心叮嚀：「這一款融化比較快，要趕快吃喔。」

▼ 海洋傳說雪冰

「雪花堂」最招牌的藝術冰品就屬「海洋傳說雪冰」，「雪花堂」一天最高能賣 200 碗藝術冰品，其中「海洋傳説雪冰」最多。走進店裡，一群朋友站在自助點餐機點前吱吱喳喳，「到底要點哪一種啊？每一個都很漂亮，好難選喔。」

台灣四季都有大太陽，吃冰順便拍照上傳，變成每個有手機的人必做的事，黃店長用特別食材打造出海洋場景，光用看的氣溫就降一半。先用點餐機點單，沒多久送上一顆好大透明圓球，份量可讓 2 至 3 位朋友一起享用；光是看還以為是藝術品，藍色的海浪「波峰相連」、金黃的沙灘上點綴白色貝殼，讓每位客人都驚歎：「好精緻！」

黃店長表示，「海洋傳説雪冰」用鮮奶冰做底，沙灘部分是黃豆粉，海洋部分是蘇打汽水加藍柑橘做成的果凍，營造出夏日的熱情沙灘；最有趣的是貝殼，店長挑選精細的矽膠模具，香甜白巧克力做出好幾種貝殼的樣子。怎麼會想到用黃豆粉當沙灘？「其實韓國的冰很喜歡放一大層黃豆粉，然後放個麻糬，我以這些構想來改造，沒想到這麼受歡迎。」

▲ 芒果物語雪冰

喜歡吃芒果冰的朋友，絕對不能錯過「雪花堂」的「芒果物語雪冰」，底下的雪花是鮮奶冰，上面竟然用酸甜有味的芒果切出玫瑰花，旁邊放上哈密瓜球，底下還有一層芒果，最後用白巧克力做成的小花做裝飾。精細的刀工與浪漫的玫瑰，如果是男女朋友一起來吃下午茶，端上一顆美麗的芒果玫瑰，不僅感情加溫，又是能延續長長久久的話題。

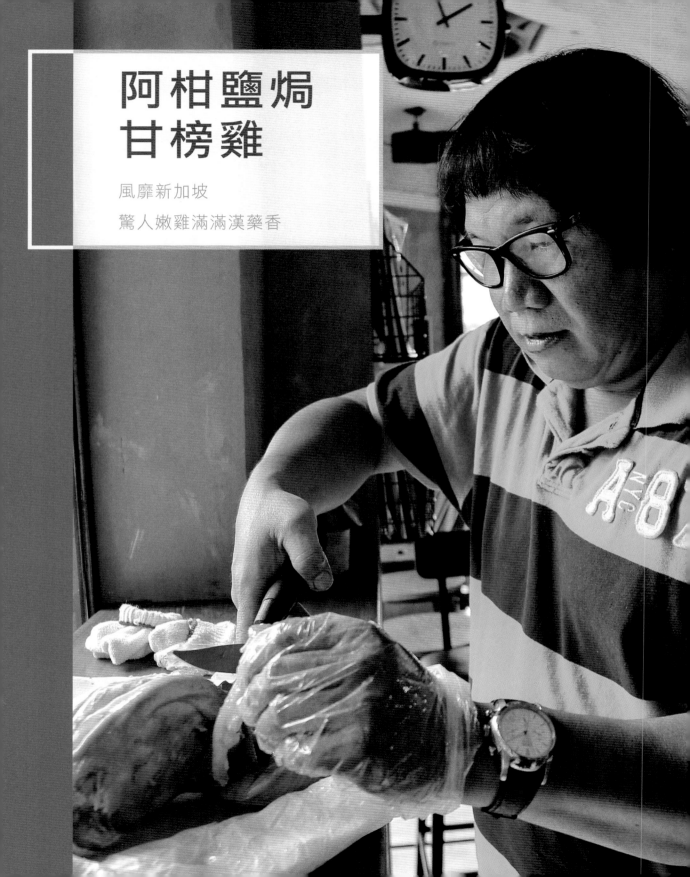

阿柑鹽焗
甘榜雞

風靡新加坡

驚人嫩雞滿滿漢藥香

對台灣人來講「鹽焗雞」聽起來似乎很陌生，在廣東、東南亞各國卻是非常知名的大菜。「鹽焗雞」在清朝的時候由挖鹽的工人發明，他們把烤好的雞藏在鹽堆裡，發明了這道美味料理，經後世廚師改良後成為家喻戶曉的名菜。但是，想在台灣吃到「鹽焗雞」幾乎是不可能，不過現在全台第一家「鹽焗雞」專賣店出現囉，而且還賣多種南洋料理，嘸吃過緊來，嘗鮮要快啊！

阿柑鹽焗甘榜雞

- 新北市三重區三和路三段 26 號
- 02-2987-6767
- 11:30 ～ 20:30
- 公休日　週一

從捷運三重國小站一出來，就能看到一間與眾不同，帶一點異國風味的黃色小店，阿柑鹽焗甘榜雞，走進去彷彿穿越時空到了新加坡，濃濃的南洋風洋溢，菜單上寫著鹽焗雞、海南雞飯、南洋咖哩雞、凍檸茶、冰火菠蘿油、鴛鴦西米露等，大家耳熟能詳的南洋飲食。

「我們是台灣第一間鹽焗雞，以我們理解的，坊間還沒有人賣鹽焗雞」，老闆朱頤肯定的說。「創業的淵源來自一位朋友，他在新加坡做鹽焗雞，非常的成功，開了 8 間店，成為風靡新加坡的小吃。最原先靈感來自於馬來西亞的宴瓊林，一個非常大的鹽焗雞專賣餐廳。」

「keep running keep fighting」的阿甘精神，勇往直前，是店裡的精神指標，「要不畏困難，一直跑，也因為如此，我們就叫『阿柑』。」老闆娘高燕麗說，一般的外食吃了過油過鹹，我們的外食卻很真實也很健康，外食也可以很真實，別吃垃圾食物。

▲ 原味鹽焗雞

▲ 海南雞飯

朱老闆端上「鹽焗雞」輕輕剝開外層鋁箔，先是一陣漢藥清香吹來，接著飄出雞肉甜味。戴起手套，捧起鹽焗雞，輕輕用手一折，骨肉立刻分離，其他部位不管雞腿、雞翅，都能輕鬆的從鹽焗雞上面撕下來，實在太嫩、太驚人。

還有配著一起吃的白飯，也暗藏很多機密，老闆娘高燕麗使用泰國香米烹煮，還用天然的香茅、斑蘭葉放在飯裡面增香，吃起來出了除了米飯甘甜，還有斑蘭葉彷彿香草般的味道，非常特殊的南洋風味，搭配起來卻是相得益彰。

朱老闆笑說：「這算是手扒雞，要有汁有味，熟到骨肉分離但又要嫩，火候控制很難，雞也不能太大隻，大隻肉質會老，好不好吃騙不了客人的牙齒。」鹽焗雞是非常地方性的農村菜、家常小菜，雖然很好吃，「鹽焗雞一定用撕的，2、3個人倒杯小酒，圍個小矮桌，大家邊吃邊吮指回味。就是吃相難看一點，沒辦法當成婚禮菜色。」

「這道菜做起來不複雜，但是眉角很多」，鹽焗雞的「焗」就是悶的意思，使用大小適合的放山雞，窯烤後用海鹽將雞給悶熟，而且鹽不可以接觸到雞的皮膚上。也就是包覆一層特殊的紙，讓高溫將鹽加熱。「台灣做的烤雞，例如桶仔雞、甕仔雞，這些料理製作過程肉眼看得到，但是鹽焗雞完全看不到，這是最難的部分。」朱老闆表情轉為正經：「一般人做菜，只想到有人吃就好，但這不是我們的原則，要自己能願意吃、愛吃，可以一直吃也不厭煩，這才是我要做的料理。」

如果到新加坡玩，一定會去吃海南雞飯。現在，那紅蔥頭的香氣與細緻口感，在「阿柑鹽焗甘榜雞」也能吃到如此好吃的海南雞飯，而且經過老闆娘的改良，去除大多數的雞油，使之更加清爽。品嘗過的客人，都會說這味道比新加坡的海南雞飯更豐富，軟嫩竟然如雪花牛。配上一碗新加坡口味的肉骨茶湯，用雞骨與豬龍骨一起熬出香甜滋味，讓人一口接一口。

海南雞的做法究竟改良了什麼，可以變得這麼好吃？老闆娘說，店裡的海南雞，會先用蒜頭、紅蔥頭爆炒，再放入香茅一起煮，創造豐富的韻味。重點是完全不用海南雞醬，食材是當日的溫體雞腿去骨，再用歐洲進口的調理機具讓它變得鮮嫩。

「新加坡的傳統是整隻雞下去，這是傳統作法，但有的人不吃雞胸，有的人不敢看到雞爪子，我們要與時俱進。」老闆娘表示，就算是上面放的蔥油醬、辣椒醬，也都是自己的獨家祕方，客人一試就會被吸住了，曾經有客人把菜、肉吃完了，就用辣椒醬來伴白飯，邊吃邊稱讚。「我退休前是一個老師，可是學生來吃了我的海南雞飯，都說老師你開餐館會比開補習班好。」

◀ 南洋咖哩雞飯

　　南洋咖哩原本就是許多老饕心目中咖哩的第一名，它的風味溫和，不偏辛辣、味道豐富又不失咖哩本色。「阿柑鹽焗甘榜雞」的南洋咖哩雞飯，夾起雞肉時濃濃的咖哩散發誘人香氣，挾著椰奶的溫醇與大蒜的微辛。食客們大口狂嗑，微微的汗珠從額頭冒出：「南洋咖哩吃起來就是暢快」。

　　老闆娘透露祕方的來源：「這不是隨便照食譜做的，我的師父可是遠企飯店的總監呢。」使用真正從新加坡買來的咖哩，為了味道更成熟，老闆娘還增加了幾個步驟，放香茅、洋蔥、大蒜、紅蔥頭拌炒打泥，加上一些些椰奶，變身典型的新加坡咖哩。

　　「南洋咖哩雞飯」是店裡成本最高的菜，醬料的製作已經很複雜，雞肉只用雞胸肉，用醬油、蛋白醃製，非常天然。老闆娘拍拍廚具：「工欲善其事、必先利其器，我都用最好的歐洲進口鍋具，大小型鍋共 8 個，至少花 20 萬。有了這些鍋，才讓我盡情發揮。」

◀ 老抽豬腳飯

　　「豬腳飯？會不會油？」不會喔，而且還很健康！老闆娘本身是罹患三高的病人，為了讓客人、也讓自己享受豬腳的美味，花盡心思，使用天然食材，讓豬腳不會成為身體負擔，還有助自己的健康。不過「老抽豬腳飯」的豬腳看起來黑不溜丟的，到底好不好吃？軟嫩到入口即化，清爽少油在香甜飽含濃郁醬香，難怪是老闆娘最推薦的菜。

　　「老抽豬腳飯」的食材用料極佳，東南亞的老抽在市場不容易取得，就改用彰化社頭新和春的壺底油；一般的味醂不夠香，用日本愛知縣，發酵 2 年以上的海部郡飛島村味醂；要皮 Q 肉軟少肥油，所以用豬前腿，後腿比較肥不用。老闆娘透露煮豬腳卻不油的方法，所有材料煮透浸泡一晚，第二天上午把油去掉，上桌前加熱就能做出入口即化的口感。

　　「我們不用老滷」，老闆娘解釋，新鮮的味道最好，豬腳一鍋賣完再做一鍋，每次都是最新鮮天然的材料，單純就好──「食物要吃的單純，做人要單純，開餐廳也是可以單純。」

真花燒肉

九九品質有保證　99元吃高級

日式燒肉店教人烤肉，都說燒肉只能翻一次、要敲網子，翻過來還要數 8 秒鐘？這套是日本人發明的。不過真的到日本看人吃燒肉，光喝啤酒聊天……肉都烤焦啦，所以日本人把燒肉研究透徹，實際上自己卻不太會烤，而且大部分日本燒肉店也不會教人家烤肉。「真正把燒肉最發揚光大的是台灣人」，幾乎每個人都知道烤肉要數 8 秒，店裡敲鐵網的聲音震天作響，叩叩叩……好吃的燒肉來囉。

「比起來，台灣人去日本吃燒肉像是暴發戶，叫滿整桌肉；日本人先喝酒，肉只有 3、5 盤，都是喝酒紓壓。」真花燒肉的徐店長總是愛跟客人聊天，說起日本的燒肉總能繪聲繪影：「最後他們燒肉沒吃飽，都跑去外面吃拉麵啦，算是日本人的另類省錢法吧。」

「日本一年我要去五次，2 個月有 15 天都在日本，這麼多城市裡我最喜大阪，那裏的人講話直接，台灣人很容易融入。東京太無情、神戶太鄉下、京都太假掰，大阪味道比較土，大阪人愛講笑話，可是又不好笑（說完大笑）。」

「我想開燒烤店，就是本身愛吃燒烤，重點是我愛吃頂級的肉，便宜的我受不了。能讓自己吃得舒服，才敢賣給客人，這中間花了不知多少心思，連醬料都是配合我們的肉，達到最好的味道、口感。」

真花燒肉

📍 新北市三重區自強路一段 191 號

📞 02-8981-0707

🕐 17:00 ～ 24:00

📅 公休日　請參照 FB 公告

「真花燒肉」主打頂級燒肉，一盤只要 99 元，用的都是美國 prime、choice 級以上的肉品，油花比較漂亮，油花跟瘦肉的比例恰到好處，燒烤後軟Q交替、口感變化豐富。對於老饕級的客戶，無論牛腹肉、牛背肩……都是頂級肉品，客人可以挑選自己喜歡的部位口感，提供最便宜的享受。

「等級高就是這麼好吃」，徐店長一邊在爐台上烤肉一邊介紹：「如果這個部位的肉便宜，那一盤就會多幾塊，但還是頂級肉品，常有客人問我們哪個好吃？我認為都好吃。」徐店長解釋，在美國認定，只有第 1、2 級（prime、choice）的才是可食用的級數，一般火鍋店用的牛肉都是 3 級以下，吃到飽都是 5 級以下，這些店家的肉品成本都不到「真花燒肉」的一半，甚至更少更少。

頂級燒肉不是端上桌就好，徐店長對於肉要怎麼切，也非常挑剔。「懂得吃才會挑剔這個，我們每種肉都試過，切的角度、方向、厚度，都要一試再試。」以徐店長最愛的牛五花為例，厚度從 5mm、4mm、3mm，最後試到 2.5mm 才是最好吃。「這種厚度用烤的會很完美，但是拿來涮火鍋就不行，每種肉都有自己的『祕笈』，有的 3mm 有的 3.5mm，像豬肉要厚，薄了容易黏住烤壞。其實我很怕客人把這麼好的肉烤壞了，所以我會盯著客人，看到不會烤的要趕快衝過去教他……不對，是衝過去搶救我的肉。」

徐店長不諱言，台灣的燒肉跟日本還是有很大差異，例如日本牛肉品質較好，厚切烤熟也能順順的咀嚼；台灣的一般的燒肉店肉品都不好，完全不能這麼做，「所以我們懂肉的的人知道，一定要美國 choice 以上等級的，只要等級夠高，哪個部位都好吃。連肉商都知道我這樣賣賺不到什麼錢，但是我就是要給懂吃的人、老饕一起享用。」

▲ 牛五花

　　徐店長堅持一定要全程冷藏物流的美國牛，因為美國牛都吃玉米，會形成豐富又帶甜味的油花。「我最喜歡吃牛五花，好的牛五花不肥，有 2 ／ 3 以上的瘦肉，好的處理方式會把多餘油脂的修掉。肥瘦比例正確的牛五花，烤好會水水嫩嫩，就像是開啟美肌模式。」徐店長形容得活靈活現，讓客人的口水流滿地。

　　挑肉就像是挑玉石一樣，要龜毛，徐店長說，送來牛肉一整塊超過 2 尺長，他一定要求廠商用十字對切看斷面，「太油我的就退貨，沒有第二句話。」不只是肉品要精挑細選，連沾肉的醬汁也一定要日本進口。「這是道地的大阪味，不一定合台灣人口味，要有一點酸、一點鹹、一點辣，就算是簡單的鹽巴，也是日本來的。」

▲ 祕密武器（牛肋排）

　　什麼肉吃起來比號稱頂級美味的老饕肉、上蓋肉還有特色？讓人剛咬下去時覺得肉 Q 彈，卻在齒輾間中了化骨綿掌，軟綿又多汁。徐店長把「祕密武器」放在炭火上快速翻面，讓肉片七分熟，在離開爐火後會瞬間熟成。「這是我的祕密武器，用美國和牛等級的肋骨邊的肋條，有肉商都叫它『和牛肋排』，也很少有人知道要吃這個部位。」徐店長放輕聲音；「別說出去，因為連餐廳廚師都沒幾個人知道。」

▲ 豐富的選擇

　　不只是牛肉，徐店長對店內的每一種品項都極度要求，例如市場每天現宰現的溫體雞腿肉，「撒上特別的香料粉，很多客人說我們的雞肉怎麼這麼好吃！」還有丹麥來的豬肉，幾乎沒有豬肉臭，肉質富有彈性，曾有客人讚賞比日本鹿兒島豬還好吃。

　　店內也有極品海鮮，例如 Q 中帶軟阿根廷魷魚，烤熟後會出現特有香氣，竟然像鱈魚？也有客人想換口味，不想只吃烤肉，「真花燒肉」也提供煮好可直接品嘗的下酒菜，像是蛤蜊絲瓜、炸牡蠣，炸雞、韓式海鮮湯麵、麻辣水煮牛等，給各路饕客多元化的選擇，「沒有次好，只有最好」。

永晉藥膳坊
藥膳專門店

熱騰騰燉補

香甜味濃外國人都愛

「四物」、「十全」都是民間常用的補方，月事不順、天冷寒流、熬夜沒睡……總是會想到去路邊攤來份藥膳排骨、請媽媽燉一鍋四物，熱騰騰的燉補端上手，身體再多不舒服也好了一半。藥膳界之中，有間世界知名的「永晉藥膳坊」，是唯一可用「藥膳」為名字的藥膳餐廳。因為「永晉藥膳坊」的行政總監黃福雄，不只是合格中藥人員，也是中醫國寶周左宇的入室弟子，對藥膳、營養瞭若指掌呢。

「我從小就對中藥有興趣，因為我小時候身體很虛，免疫力不好容易感冒、腸胃不好身體瘦弱、煩躁沒耐性讀書。那時生病找醫生、吃西藥就是沒效，家裡的人帶我去找中醫，請老醫生按照我的體質配藥，吃了之後會身體元氣一天比一天好，很少生病、頭腦清楚，也讓我從此栽進中醫藥的世界裡。」行政總監黃福雄輕鬆說著，眼神卻十分銳利，身上有什麼疑難雜症？彷彿都被看透，吃補嘛，總不能「愈補愈糟！」

每個人從小到大，總少不了傳統的進補，「四物」、「十全」、「八珍」……台灣民間常用的補方，學者認為，這些補方四季皆宜，有助提升免疫力，幫助病癒後體力恢復。但是，藥膳畢竟還是中藥，藥膳也有藥性，不能隨便吃。

「全省找不到一間藥膳餐廳，進來還要先問一下身體的。」黃總監舉例，比如有腫瘤的人，若是隨便去超市買一帖藥膳包、或是去路邊找一間餐廳吃藥膳，「馬上腫瘤長 5 倍，因為何首烏、四物、八珍、十全等，這些全是補血的藥材，不管肝腫瘤、下腹腔的子宮肌瘤……，馬上長出來。」

「是藥三分毒，我就是看到有人因身上的疾病，吃了藥膳去掛急診」，這樣因緣，讓不是中醫卻一樣想仁心濟世的黃總監，感到社會迫切的需求，開始申請藥膳餐廳執照，也是全台灣唯一一

張，藥膳餐廳的執照。

「永晉藥膳坊」能獲得藥膳餐廳的執照，並非一蹴可幾。今日已沒有餐廳能申請，因為跟中藥有關，藥有危險性、專業性，餐廳不能隨便用藥入膳。在申請當時，黃總監可是詳細周全規畫了所有的可能性。黃總監習醫多年，曾經拜師經方大師張步桃，更是中醫針灸國寶周左宇的入室弟子，是周老師針灸門派的門生之一。妻子林彩華擁有中餐技術士合格證書，擔任餐廳主廚。雖然黃總監沒有中醫執照，但是夫妻二人貢獻所長，為世人的養身效力，才得以申請藥膳餐廳執照。

黃總監說起當年之事，不禁笑出聲來：「有的客人一進來就跟我說他要吃蒜味烏骨雞，可是他感冒喉嚨痛。我直接說不能吃，如果像一般餐廳，點什麼就給吃什麼，回家就可能從原本咳嗽，直接喉嚨化膿……，說到後來變成餐廳老闆把客人請出去別的餐廳吃飯。」

「客人走進來，如果他咳嗽、乾咳，有可能是感冒一到兩周，喉嚨有一點發炎，這時就不能吃辣、吃大蒜，氣管會縮起來，麻油不能碰、藥膳更不能吃；還有胃潰瘍的人要吃鹿茸，如果有痔瘡會血便喔。」黃總監娓娓道來，一般人不會從餐廳人員口中得到的建議，只有在藥膳餐廳「永晉藥膳坊」才能獲得的寶貴資訊。「要知道禁忌是什麼、重點在哪裡？」

「如果中醫推薦開刀後的病人，要吃調理血液循環的藥膳，來這裡也有很多的選擇。」血液循環不好，建議八珍湯、十全大補湯；筋骨不好、晚上抽筋，可以品嘗千筋湯；動了腫瘤手術，術後會不舒服……等等疑難情況，「無論這些都一定先向醫生諮詢過，先告訴我體質屬於哪個範圍內，畢竟這不是醫療院所喔，食安問題也不只是在食物有沒有新鮮、有沒有添加物。」

永晉藥膳坊

📍 新北市三重區萬全街 72 號 1 樓

📞 02-2976-1281

🕐 12:00 ～ 14:00、17:00 ～ 21:00

🗓 公休日　請參照官網、FB 公告

一品首烏藥膳湯（盅）▶

食材：台產優質烏骨雞肉
　　　麵線、燙青菜

　　台灣美食世界知名，其中藥膳十分美味卻鮮為人知？不過許多國家的觀光客都知道「永晉藥膳坊」，尤其是日本人特別喜愛這裡的「一品首烏藥膳湯」。味道非常的濃郁，扎實的中藥味，加上 3、4 大塊烏骨雞，非常清爽引人食欲。點餐可以搭配加了豆瓣醬的麵線，還有拌了豆瓣醬的燙青菜，吃起來營養更均衡。

　　黃總監解釋：「裡面有 20 幾種藥材，包含最好的粉光蔘補元氣、人蔘鬚降火氣、紅黑棗調理脂肪肝。」何首烏藥膳從古到今，專門針對銀髮族養身，掉髮、白髮可以吃。問題來了，何首烏不是每個人都可以吃，三高的人完全禁止，感冒也不行。另外，藥膳中的肉品用產銷履歷，絕對符合國家最高要求。

◀ 麻油羊肉湯

食材：澳洲帶皮羊肉，羊脛骨湯底
　　　麵線、燙青菜

　　「麻油羊肉湯」採用羊膝蓋骨熬煮，把所有精華濃縮在湯頭中，再把骨頭去掉，加入羊肉烹煮，「想要完全無腥味的祕訣，就是把所有的油脂撈掉，還能將毒素也放掉」，黃總監輕鬆地說：「光是這樣就太簡單了，我們加入 10 年陳紹，中醫叫擴血通經，不只營養，還能通關過節。最後加上台灣專門外銷日本的冷壓麻油，價高量少非常珍貴。要用這種麻油才不會上火，達到關節老化調理的目的。」

▲ 養榮四物藥膳湯（盅）

食材：產銷履歷肉品

　　大家心目中的四物湯總是重苦難下嚥，「永晉藥膳坊」端出的「養榮四物」添加紅棗、黑棗、丹蔘等藥材，藥香融合甘甜，又不失濃厚的藥膳風味，適合小朋友初經的調理，也成為外國人品嘗藥膳的敲門磚。

　　「我們家的四物湯有 2 種，都是老中醫百年傳承，『養榮四物』有超過 18 味的中藥，屬於加味四物。不只是女生手腳冰冷，生理期、產後調理、孕婦調理、求子調理都建議吃我家的四物湯。」黃總監解釋，其實四物湯有兩種，一種是調理初經，另一種是適合長肌瘤的調理。原本政府在「永晉藥膳坊」樓上開辦藥膳師培訓中心，因為經費不足而取消，當時有位學生坐月子沒做好、體質虛弱，來這裡上課順便吃藥膳，經過幾個月的調養後，她感覺身體逐漸恢復健康。

三和路五段
永安北路二段
仁愛街
慈愛街
38
自強路四段
福隆路
39
三和路
三和國中站
永安北路一段
力行路二段
車路頭街
中山高速公路
國道路一段
國道路一段
自強路三段
忠孝路一段
力行路一段
大
忠孝路二段
自強路二段
42
37
後竹圍街
頂崁街
三民街
三民街
43
272巷
108
104

（36）**泡咖啡**

📞 0919-932-598

📍 重陽路四段 61 號

（37）**蜂巢早餐**

📞 02-2987-8182

📍 竹圍街 285 號

（38）**築湘養生**
麻辣火鍋

📞 02-8982-0011

📍 慈愛街 102 號

（39）**饕客棧**

📞 02-2280-0000

📍 福隆路 7 號

（40）**一品軒**
涮涮鍋

📞 02-8985-1222

📍 三和路三段 115 號

（41）**爺們**
男氣酒棧

📞 0908-344-683

📍 三和路三段 153 號

（42）**510 Darts**
飛鏢運動吧

📞 02-8985-0656

📍 自強路二段 88 號
2 樓

（43）**昕圍活力**
自然餐館

📞 02-2988-2933

📍 三民街 272 巷 1 號

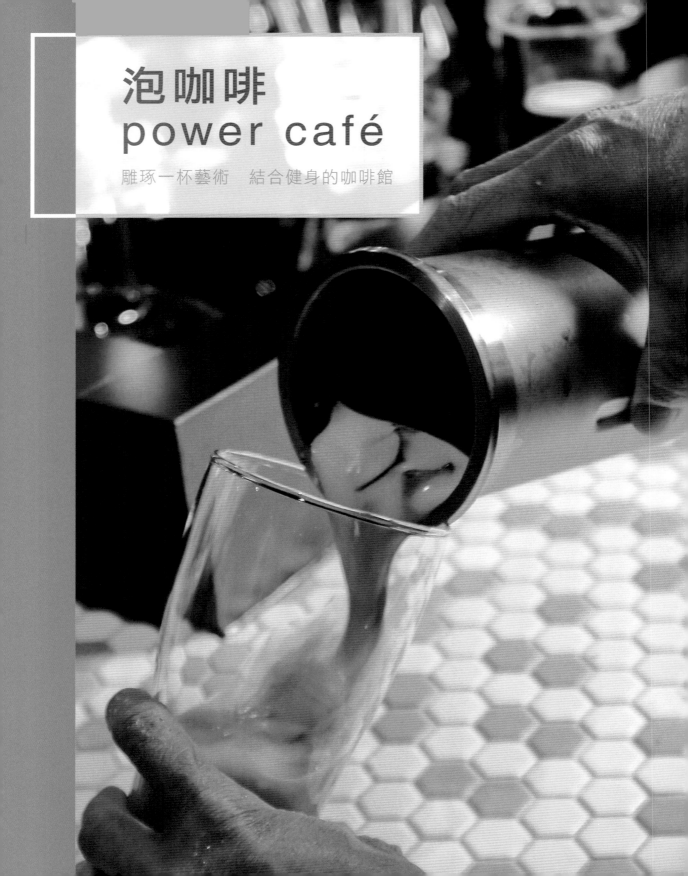

泡咖啡
power café

雕琢一杯藝術　結合健身的咖啡館

▲ 拉霸咖啡機

愛喝咖啡，多少要懂一點咖啡機，那身為咖啡達人的 Andy 用哪種咖啡機呢？是非常需要技巧的「拉霸咖啡機」。拉霸咖啡機屬於全手動型的咖啡機，全手動代表的意思是，煮出來的咖啡味道完全操控在煮咖啡的人手上；好的咖啡融合了水果味、奶油味、核果香……，在 Andy 的手上融合為均衡的芬芳。簡而言之，用「拉霸機」可以雕琢出一杯咖啡藝術品，而一般半自動義式咖啡機，只是做出一杯不錯的咖啡。

「要試試看嗎？」對於客人的詢問，Andy 很細心的回答：「一般的咖啡館不敢用拉霸機，它是靠強力的彈簧壓力去釋放蒸氣、濃縮咖啡，機器對把手拉下的時間很敏感，只要今天稍為差一點點，咖啡就走味了。所以咖啡師早上來都要先調整咖啡機，調到味道均衡，一點都不能錯之後才能開始營業。」

世界無奇不有，有聽過「跟咖啡一起健身」的咖啡館？三重「泡咖啡」的老闆 Andy，在準備咖啡館開業之前，有朋友邀他跑斯巴達（團體障礙賽），被要求加強體能、臂力；開始練健身後，覺得健身是個好東西，人人都應該要有。於是把咖啡館二樓改裝成健身房，還發明了一種咖啡，叫做美國隊長，是老闆練完健身後的祕密飲品。聽完覺得，衝勁也是好東西，總是激發人類無限想像力。

「其實我剛開始只想要開一間飲料店，對咖啡一點興趣都沒有，或許賣一點咖啡。」率真、總是帶著微笑的「泡咖啡」老闆張智偉、Andy，口袋裡總會裝一些小故事，跟客人親切的交流。

「我心裡想，如果客人問我咖啡的問題，答不出來會不會丟臉？」Andy 開始上咖啡課程，發現咖啡竟有這麼多的學問，如果不學會不會沒競爭力？於是 Andy 栽入浩瀚的咖啡世界，先學義式咖啡，後來又覺得手沖咖啡正流行，報名了手沖，上一半覺得學不太對，大家都在烘豆，也去把烘豆技巧學回家，所以三種咖啡證照都有了。Andy 笑著說：「回過神來，發現自己連老師資格證都有了。」

「泡咖啡」的店面極為素雅，看似老闆沒花什麼錢裝潢，角落裡、牆壁上卻藏著特殊的咖啡機，有全台不到 10 台的手持義式咖啡機、世界知名的咖啡烘豆機，隨時等著與你交流。

「請你聞聞看」，Andy 遞來一把咖啡豆，低矮吧檯讓他可以跟客人輕易交談，「我認為進來的人都對咖啡有興趣，所以我都會教客人們怎麼喝最有味道，而不是只送進嘴裡。例如一杯拿鐵，要讓咖啡帶著一點點奶泡慢慢的從嘴角滑進嘴裡，讓奶泡在上顎慢慢的擴散，你會感覺咖啡味隨著奶香爆發，感覺超好的。」

泡咖啡

📍 新北市三重區重陽路四段 61 號

📞 0919-932-598

🕐 10:30 ～ 20:30

🗓 公休日　週四

■ 肋排

「泡咖啡」店內除了有「咖啡師Andy」，他也是一位手藝絕倫的廚師，推出許多膾炙人口的餐點。其中最受歡迎的第一名就是「肋排」，Andy說他本來胖到快95公斤，就是因為愛吃這道肋排，上面滿滿的各式天然義式香料，光是聞到味道就能讓「減肥破功」。

Andy說出肋排好吃的祕訣，要經過乾、溼2道手續，先用義式香料粉乾醃，包括大蒜、鹽、胡椒粉等。醃12小時之後轉換溼醃，用自己特調的豬肋排醬，還加上老滷，與市面上所有的肋排不同，風味獨具。

● 披薩

「我在加拿大多倫多住過10年，會想把以前吃過的味道，帶回來店裡面，披薩就是其中之一」，Andy介紹披薩時，臉上露出幸福的表情：「外國人的披薩真的好吃，底下是帶有番茄塊的番茄泥做基底，不是番茄醬喔。」要如何做出好披薩？先用橄欖油抹一層，讓油皮混合，烤出來的披薩皮就會變脆。一定要放大量起司，讓起司在烤的時候慢慢融化，把料包裹住，還能拉絲。Andy說：「我們混和了帕馬森等等3種起司，讓香氣互補更豐富。」

▲ 烤半雞

「我們的菜都可以當作健身後的營養補充品，不過肋排除外，像是烤半雞就很適合。」美味的烤半雞也是店內人氣餐點，當然也是Andy自己醃製，用新鮮食材、蔥、蒜、薑等，放冰箱醃數日入味，烤好後不加多餘醬料，只有灑義式香料粉，很符合健身的飲食。

啤酒咖啡 ▶

喝啤酒的人，幾乎都喜歡那些在金黃液體內噴發的細緻泡沫，現在喝咖啡也有同樣的感受。「泡咖啡」把美式冰咖啡加上發泡機，變出許多泡泡出來，帶給愛喝冰咖啡的人全新口感。

▼ 夢幻紫拿鐵

咖啡館除了喝咖啡，竟然也有少女心爆發的夢幻飲料！「夢幻紫拿鐵」是「泡咖啡」老闆 Andy 發明的創意飲品。用紫地瓜牛奶加上奶泡，裡面其實完全沒有咖啡的成分，所以不管什麼時間都能喝，不用怕睡不著，也適合不能喝咖啡的朋友。Andy 用紫色的地瓜做基底，與牛奶融合，最後抹上奶泡，就變成了夢幻飲料囉。

達人教咖啡怎麼沖

耳掛咖啡

身為咖啡達人，Andy 常被朋友詢問幾個問題，例如耳掛咖啡怎麼沖才好喝？Andy 細心解釋：「一般耳掛咖啡有 10 克的咖啡粉在裡面，最多到 14 克，以『泡咖啡』的耳掛舉例，12 克來講，它的黃金比例是 1 比 15，也就是 170 到 180 毫升。」

Andy 談到沖耳掛祕訣：「開始先加少許的熱水讓粉均勻沾溼，一直吸到飽和，經過 30 或 40 秒再繼續加水，時間愈久口感愈重，看你自己的喜好。」

接著繼續加水，慢慢順著繞圈，當咖啡注滿杯子半滿時把耳掛拿掉，不管耳掛裡面還有多少咖啡，Andy 說：「稍微搖晃杯子，這叫做『醒咖啡』，這是精品咖啡的作法。倒水時有沒有繞圈味道差很多喔。」

手沖咖啡

手沖咖啡的過程與耳掛咖啡類似，但 Andy 提到有件事多數人都不清楚，就是「洗紙」：「濾紙一定要先用 80 度熱水沖過，把部分紙的味道洗走，不然會有紙漿的味道留在咖啡裡，而且不管是什麼濾紙都要。」

Andy 建議，買了貴鬆鬆咖啡豆回去，如果沖出來的咖啡有紙的味道，享受的樂趣可會打折扣。「手沖跟耳掛只是換個器具，類似方式，很多店家手沖是不洗濾紙的，大家可以聞聞紙的味道，就知道洗紙的重要。」

蜂巢早餐

頂級燒烤style潛艇堡

暴食大胃王分量漢堡

蜂巢早餐

📍 新北市三重區後竹圍街 285 號

📞 02-2987-8182

🕐 06:30 ～ 13:00、17:00 ～ 22:00

📅 公休日　週一

　　總是說一天三餐裡頭最重要的就是早餐，早餐吃得好心情就會好，但是早餐怎麼老是一成不變呢？除了豬肉漢堡、三明治，就是豆漿清粥，大家都吃了幾十年早餐，品項就是那些，進步的空間還很大。但是我們發現在新北三重區後竹圍街，出現了一間有神等級特色的早餐店，個性裝潢是基本，還有頂級燒烤 style 潛艇堡、暴食大胃王分量漢堡⋯⋯最後的一個特色，它不只是早餐店，還是燒烤、丼飯、小酒吧？你好奇了嗎？

　　為什麼叫蜂巢呢？蜂巢早餐的主廚蘇靖遠、Jerry 說：「我希望這個早餐店，就像個家、像個蜂巢，大家早上能在這裡吃得飽飽，然後離開蜂巢去上班，下班了也可以回來吃個飯、補充明天的精力，再回家睡覺。」

　　除了經營理念契合人心，經營的方式也很特殊，早餐的營業時段 06:30 ～ 11:30，提供親子早餐、潛艇堡、漢堡；11:30 ～ 13:00 是午餐時間提供燒烤丼飯，下午 5 點以後提供丼飯到晚上 8 點，還可以吃燒烤配小酒，跟 Jerry 天南地北隨便聊。

　　「開這間店，是希望給大家驚奇，『WOW！』怎麼這麼不一樣，『WOW！』怎麼有螃蟹，『WOW！』太豐盛了！讓每樣東西都有 WOW 的感覺。」

　　「這裡是我長大的地方，可是我覺得這條街沒有讓人想要吃的早餐，太一般、太傳統了。」因為 Jerry 之前在燒肉店上班 7 年，決定使出所有看家秘技，把燒肉融入早餐中，開發讓人吃了會眼睛為之一亮的新奇料理，還不時更換菜色，讓喜愛美食的人可以從早吃到晚，吃好幾年都不會膩。

▲ 軟殼蟹潛艇堡

　　「軟殼蟹潛艇堡」可以説是潛艇堡的創舉，把高級法式料理常見的軟殼蟹放進早餐菜單，直接打趴全台灣 99.9% 西式早餐店。如果大家認為 Jerry 只是把軟殼蟹塞進潛艇堡裡，那就太小看他了。Jerry 先把軟殼蟹送進油鍋酥炸，這時候可沒時間放空，把潛艇堡烤香，夾入生菜、鮑魚沙拉、塔塔醬、雞蛋、小黃瓜。最後把軟殼蟹切半，送到潛艇堡內，飄撒椒鹽，這才大功告成。

　　聽到「鮑魚沙拉」？我們馬上聯想到極致日式炸物用的沾醬，Jerry 説：「是我精心調味過，切碎的鮑魚放進調味過的沙拉醬裡，吃一口『軟殼蟹潛艇堡』，可以把所有海洋風味完全一次吃下肚。」

泡菜雞軟骨潛艇堡 ▶

　　在燒肉店裡，烤雞軟骨一直是最受歡迎的菜色之一，在蜂巢早餐烤雞軟骨也變成了潛艇堡的主菜。主廚在食材的分量上毫不吝嗇，「泡菜雞軟骨潛艇堡」有大分量烤雞軟骨，加上酸爽泡菜，口感實在太豐富。

　　「泡菜雞軟骨潛艇堡」展現主廚燒烤技術本位，雞軟骨用自製烤肉醬，特別添加蒜泥、麻油，聞到口水直流。除了香烤雞肉外，還可以吃到脆脆的軟骨，上菜前撒些許椒鹽，增添燒烤料理的氛圍，各種香料的味道在口中交錯，就是要讓走進店裡的客人，每天早上都有滿滿的驚喜以及滿滿的元氣。

◀ 鹽蔥牛肋條潛艇堡

　　在早餐時段來份鹹香夠勁的烤牛肋吧？「鹽蔥牛肋條潛艇堡」再度突破了早餐的盲點，主廚嚴選澳洲牛肉的肋條部位，並且自己斷筋，讓客人享受大口嚼肉卻不會有嚼筋的感覺。牛肋條上烤爐前先醃入味，接著小火慢烤去油膩，搭配生菜一起放入潛艇堡中，最後塗抹主廚特製鹽蔥。許多吃過的老客人都説：「真的很想來杯啤酒一起享用。」

▼ 海之霸飛碟堡

便當可以買雙主菜，那早餐店漢堡也可以雙主菜嗎？當然可以，蜂巢早餐的「海之霸飛碟堡」有炸鱈魚排、大白蝦兩種主菜。還有鋪上起司，淋上塔塔醬，生菜、雞蛋，是海鮮漢堡中的霸主，Jerry還表示，起司特別放在蝦子跟鱈魚的中間，不讓二種食材混在一起，讓蝦子的湯水濡軟了炸鱈魚排的香酥，讓人驚歎主廚的細膩心思。蜂巢早餐調味都很精緻，所以每一口都要仔細地吃，不可以因為肚子餓就囫圇吞棗喔。

肉肉牛星人 ▶

「肉肉牛星人」是一款讓肉食控吃肉吃到 high 的漢堡，麵包是正統美式漢堡麵包，有麥香又有嚼感。漢堡排選用澳洲純牛肉，重量有 5oz 左右，這樣當然還不夠。為了增加多層次的牛肉味，主廚還加入獨家香噴牛絞肉，加入起司增加飽足感，拿上手沉重扎實，還有分量多到吃不完的感覺，就算是勞力工作的朋友也可以飽到中午。

「肉肉牛星人」裡還有生菜、雞蛋、酸黃瓜、番茄醬，黃芥末，美式漢堡的特色一樣不少。特製的牛絞肉用番茄醬、洋蔥、起司醬調味，讓牛絞肉更濃郁。主廚還有最後大絕招，就是放上起司片後，再炙燒一下讓起司味道噴出，融化在肉醬裡面，非常體貼愛吃的饕客們。

海之霸
飛碟堡

肉肉
牛星人

築湘養生
麻辣火鍋

湯頭用料超重本

極致享受在厝邊

說起高檔實在的養生鍋，大家總會想到五星級飯店的品牌鍋物。其實如果留心身邊，或許也能在巷子裡、社區中找到驚人發現，在三重慈愛街就出現了一間超越五星飯店的海鮮養生鍋，湯頭料超重本的「養生招牌花雕雞」，也有夢幻級肉品「西班牙伊比利豬」與基隆現撈海鮮。頂級食材加上店長親切到位的服務，厝邊就有極致享受，不必捨近求遠，誰說「外國的月亮比較圓」？

湯頭，永遠是養生鍋最重要的部分。在「築湘養生麻辣火鍋」，光是湯頭，就能讓不少喜歡喝湯的饕客臉上露出「戀愛了」的光芒。店長林宗德，也是店內的大廚，每日親自熬煮多種湯頭，絕對真材實料喝得出來。無論熟客還是第一次來體驗，林店長總是體貼的向客人面介紹湯頭的特色。

招牌湯頭「養生招牌花雕雞」，主要是昆布、豬骨為湯底，與高麗菜一同熬煮帶出甘甜好滋味，另外加入紅棗、枸杞、薑絲等增加豐富性。最耀眼的主角是台酒的埔里花雕酒，配上鮮切雞腿塊。湯頭漢藥香醇厚但不壓過其他食材，入口溫軟，心頭如熨斗滑過般順平。林店長解釋：「以比例來說，五斤雞腿肉就要四瓶花雕酒，讓酒淹滿蓋過雞肉，再撒枸杞、紅棗，光湯頭的成本就貴得嚇人。」

同樣做養生火鍋，一般店家都只會用紹興，林店長再詳細說明：「紹興對於烹調，煮久會有一點苦味，價錢也比較便宜。以黃酒來說，花雕酒是其中最頂級的；第一它不影響肉跟海鮮的味道，第二增加味道的深度與層次。」

如果不怕吃辣，可以來此試試溫順辛香的養生麻辣湯頭，裡面主要用四川大紅袍、青花椒、草果，白荳蔻，辣椒、八角等為主要原料，搭配月桂葉、一點小茴香增加味道厚度。放進豆腐、鴨血，至少熬煮 2 小時讓味道提出來。林店長說明：「一般麻辣湯外面都會加辣油，辣油在人體比較不容易吸收，所以才有人吃完麻辣鍋回家拉肚子，但我們的湯頭味道夠，不需要添加辣油。雖然湯頭濃郁，但是這 2 種湯頭，味道都經過調整，不會因為過頭，反而把清淡的食材蓋過去。」

築湘養生麻辣火鍋

♦ 新北市三重區慈愛街 102 號

☎ 02-8982-0011

🕐 11:30 ～ 22:00

▦ 公休日　無

◀ 極致肉品

「台灣第一松阪豬」，店長在端上桌前，會把松阪豬肉片捲成一朵玫瑰，讓客人印象深刻。香草豬是用香草飼料來餵養的台灣豬，燙熟後口感富有彈性，不僅沒有一般豬肉的腥羶味，還有淡淡的花草香。

「世界有名伊比利豬」，歐洲夢幻食材之稱的西班牙國寶伊比利豬，因為吃橡樹果實及香草種子長大，肉質比較甜嫩，甚至可以比照牛肉不用吃全熟。

「美國 SRF 極黑和牛牛小排」，美國 SRF 極黑和牛被譽為完美牛種，由日本和牛與美國安格斯牛混種，保留美牛精緻的肉質，增加了和牛豐富的油花。美國 SRF 極黑和牛的牛小排，鮮嫩順口不輸台南溫體牛，且油花分布相當均勻，可說是牛小排中的上選。

▲ 精緻菜盤

「築湘養生麻辣火鍋」的菜盤，雖然分量不多，但林店長會採用稀有菜色，細心品嘗會相當有感。與一般單價較低的火鍋店比較，沒有便宜的火鍋料，還可以看到像黃金金針菇這樣特殊的蔬菜，屬於有機的金針菇，市面上很少看到，還有人會誤解成黃黃的不新鮮金針菇。生長在南美洲的天然野生紅藻，大葉杉藻是它的別名，是山頂上杉樹附生的藻類，口感味道都很獨特。

值得一提的，「築湘養生麻辣火鍋」也提供吃到飽冰品，其中竟有神祕的隱藏限定版——「蜂蜜冰」，是獨家特色。林店長特別找廠商製作，外面火鍋市場很少有的口味，來此必定吃一大碗。

▲ 霸氣海鮮

「青斑石斑」，屬於台灣在地品種，原產於澎湖附近海域，是南台灣養殖業中的閃亮鑽石，因為肉質厚實Q彈、少刺又無魚腥味，適合搭配火鍋料理。

「軟絲」使用基隆崁仔頂著名的現撈海鮮，崁仔頂在基隆車站附近的魚市集散地。為搶到好魚貨，林店長一周會去崁仔頂三次，每次都要凌晨12點到。剛送回來的軟絲非常新鮮，活跳跳還會噴水。

「貝里斯龍蝦」產地為南美洲，因為顏色帶點橙黃、肉多而扎實，也有人叫他小蜜蜂龍蝦。下鍋後，龍蝦肉會比蝦子更緊實Q彈，搭配「養生招牌花雕雞」湯頭，更能顯出海鮮的多元的海鮮風味。

「三蝦聚首滿足您」，望文生義有3種好蝦，由草蝦、甜白蝦、阿根廷天使紅蝦組成，天使紅蝦的肉質特性軟嫩，但是甘甜味特別濃郁；草蝦口感Q、甜白蝦肉鮮甜。3種交錯搭配，讓客人同時享受多重口感，是林店長特別體貼客人味蕾的作法。

饕客棧

打火兄弟美食底家
賓客爭嘗山海味

波士頓龍蝦加麻辣鍋？古早台式酒家菜第一名是什麼？郫縣乾燒大蝦是哪裡的經典菜？台菜融合川菜會激發什麼樣的火花？三重的饕客棧美食雲集，是消防隊員與廚師合夥經營，把 100 多道消防隊員最喜歡的菜全部端出來給大家。餐廳主廚也不簡單，挖角欣葉餐廳、六福皇宮的主廚來主杓，嚴選最好食材，基隆崁仔頂的漁獲、四川最好的香料……，無論小酌、聚餐，都能吃到「打火兄弟美食」。

「饕客棧」是三重區福隆路上新開的平價料理小館，桌菜、宴席、小聚都適合。菜色種類齊全，台菜、川菜，還有融合全世界的創意料理。店裡走雙主廚制度，店長負責台菜，還有川菜主廚。兩位主廚用平價方式，呈現飯店等級的美味以饗饕友，所以取名「饕客棧」。

饕客棧

📍 新北市三重區福隆路 7 號

📞 02-2280-0000

🕐 平日 17:00 ～ 02:00 ／假日（含國定假日或連假）11:00 ～ 15:00；17:00 ～ 02:00

🗓 公休日　無

◀ 水煮波龍部隊鍋

既然叫做「打火兄弟美食」，那最受消防隊員歡迎的一道菜是什麼呢？就是「水煮波龍部隊鍋」！乍聽之下完全不懂是什麼菜？原來是融合了川式、台式的超人氣創意料理。川菜主廚杜志強說：「用水煮牛融合我們在地食材，去加以組合，很下飯、很配酒、也適宜全家用餐，一鍋 10 人份，保證吃得飽。」

什麼是波龍？「就是波士頓龍蝦啦」，杜志強為一頭霧水的客人解說，還有一隻台灣辦桌必吃的午仔魚，一大盤牛肉，融合川菜經典的味道，配合台式涮涮鍋的吃法，變身讓所有客人喝光辣湯的美味。

因為太香了，讓任務執行攸關生命的打火兄弟們，下班後必點這一鍋來犒賞自己；杜志強表示，愛吃水煮牛的弟兄，吃完還打包湯頭回家，自己再買肉回去涮。「會這麼香，因為我用正統川香辣味，還有從四川引進的大紅袍、花椒、郫縣豆瓣……，然後花 9 小時不斷火去提煉，那香味真是迷死人。裡面的牛肉還是 costco 買的，因為品質看得見，真空冷藏包裝，看得到油花紋路，絕對不是組合肉，也不會放嫩精。」

● 芋香鯧魚米粉鍋

一般熱炒店都可以吃到米粉鍋，但是「饕客棧」提供的是「打火兄弟美食」，等級絕對不同。食材來源選用著名的大甲芋頭，還有澎湖外海無污染的黃金鯧魚，而且新鮮製作。店長陳穎全強調：「我們連豬油都是自己熬，做出來的油蔥酥更是庄仔頭香到庄仔尾；這樣的米粉湯可說是百搭，煮中卷、蝦子、龍蝦也很搭。裡面還有特製祕方，歡迎大家來猜猜看放了什麼。」

■ 郫縣乾燒大蝦

有一道號稱人人都「吮指回味」的美味，就是這道「郫縣乾燒大蝦」，色澤橙紅油亮。大廚在大草蝦背上劃刀，讓郫縣豆瓣的味道燒透入裡。剝開蝦殼，蝦肉的味道依然鹹辣鮮香。

曾經有外國朋友來店裡捧場，一邊吃一邊吸手指，大喊「超讚！」，店長阿全剛吃下一隻，另外 10 隻瞬間被外國朋友秒殺。

▼ 剁椒蒸鮮魚

川菜的經典料理，經過主廚的創意，配上台灣的鮮美現撈海魚，一道川式創意「剁椒蒸鮮魚」上桌！經過川菜主廚杜志強仔細介紹，原來剁椒料理其中的靈魂「泡椒水」，製作十分困難。「剁椒發酵讓它有酸味、香味，好吃得不得了。可是光發酵就要 3 個月，台灣廚師若在常溫下製作，因為氣候溼度不容易掌握，一個不小心就壞了，要改用冰箱冷藏自然發酵 6 個月。」

川菜餐廳都是做剁椒魚頭，「饕客棧」卻是整尾魚製作，「因為台灣人吃魚喜歡有頭有尾，有完整的感覺。」在「饕客棧」的海鮮料理，還有非常大的不同，店裡面的魚貨，來源竟然是船釣野生海魚。

菜單上寫著海鱸魚，不過客人若是想吃其他魚類，也可以跟主廚說，「我們的魚貨還有大呂東的透抽、長尾鳥、金光梭；珊瑚瀨的赤鯮、馬頭、大目鰱；還有雞仔瀨的青雞、馬尾鳥、內梭、鱸鰻等等，海釣魚貨不僅營養價值較高、味道又好。」

▲ 經典魷魚螺肉蒜鍋

陳穎全不僅是店內的台菜主廚，對台菜歷史也有一番研究，「店裡最特別的就是『魷魚螺肉蒜鍋』，我們平時很少看到或吃到，要到北投去才有，為什麼？」

魷魚螺肉蒜鍋其實是一道「酒家菜」，也就是酒家客人酒酣耳熱時的桌上佳餚，陳穎全解釋：「第一代酒家菜是傳統好料，例如佛跳牆等等；第二代就變了，變成以創意料理為主，當時進口的螺肉罐頭，是有錢人家才吃得起的珍饈，廚師就以螺肉為材料，創造出魷魚螺肉蒜鍋，風靡各大酒家，成為酒家內必備菜色之一，甚至還變成年菜料理。」

傳統「魷魚螺肉蒜鍋」原本要使用炸排骨，但是煮久了湯會混濁，喝起來沒那麼清甜。陳穎全改用新鮮排骨代替，吃起來的口感特別軟嫩、入口即化，增添曼妙滋味。剛端上桌時，食材還沒全部入味，建議先品嘗清淡的湯頭暖胃，持續滾煮，同時享用其他美食。幾杯黃湯下肚後，再來品嘗風味絕佳。

蜜棗排骨 ▶

「養顏的蜜棗排骨喔，吃了皮膚會好，精神好、人漂亮！」陳穎全一邊端菜上桌一邊介紹。「黑棗可以調節人體免疫系統，還富含維生素 C、膳食纖維，大人小孩都適合。」

美食上桌，大家動箸不落人後，「哇，這排骨也太多了，而且肉多骨頭少。」為什麼肉的份量會特別多呢？絕不是因為桌邊食客跟店長熟識。因為店長在開店前，與許多打火兄弟常在三重聚餐，幾乎每間熱炒店都吃過，嘴被練得特別挑。眾多好友都有同樣的感覺：「怎麼幾百元一盤，菜的分量感覺沒那麼實在，菜多肉少沒幾塊。」大家也因此興起一同開店的念頭，又剛好有個機緣，促成「饕客棧」的開張。

▼ 檸檬鮮蝦球

「鳳梨蝦球？」「不對，這是檸檬鮮蝦球。」

「饕客棧」的台菜都是經過主廚的創意加持，蝦球也不例外，為了讓它酸甜夠味，不似坊間使用鳳梨罐頭，改用檸檬入菜，用水果香提出更多蝦子風味，而且蝦肉扎實斤兩足，絕對不用裹粉來增量。

「可是有鳳梨啊？」「蝦球好吃也要有裝飾嘛。」

一品軒
涮涮鍋

菜中鑽石當食材

奢華風頂級體驗

吃火鍋的時候，幾乎所有的人都把目光放在肉盤上，不過要比奢華，光是肉盤、海鮮已經不夠了。下一個比美味的目標竟然是青菜！別小看桌上那不起眼的綠葉，價格竟然可以飆到 7、8 百元？當然在充滿平價美食的三重，絕對不用這麼貴喔；來「一品軒涮涮鍋」不僅環境有五星飯店的享受，還有超值的美食火鍋體驗，端出「菜中鑽石」的頂級水耕蔬菜以饗大老爺們，真是太「黯然消魂」啦。

頂級水耕的「菜中鑽石」，是上品閣精品旅館配合景文科技大學，以最新植栽技術重金打造，引進的「生機活菜」，而且產量極度稀少，一周只有 1000 株生機活菜能送上餐桌，在台灣，唯有上品閣的「一品軒涮涮鍋」才能吃得到。

聽到 2 把菜竟然價值 7、8 百元，沒吃過的人可能分不清楚有什麼差別？不過只要到「一品軒」，每個人都能說出一番「舌尖上的故事」。同樣的萵苣，菜市場買的好苦澀，一品軒的紅葉萵苣卻是苦得清香；原本紅莧菜的土味十足，一品軒的紅莧菜卻是爽甜溫潤；原本就是高貴沙拉專用的蘿蔓，一品軒的蘿蔓口感更增添甘脆；京水菜原本就是日本料理的珍饈，一品軒的京水菜一口就讓人忘去煩憂……，有客人曾說：「如果閉著眼睛吃，根本分不出來這些原來是什麼菜，太不一樣了。」

「菜中鑽石」的「生機活菜」來自於「黃河農源」——景文科大屋頂上 60 坪溫室，黃河農源的研發經理許生駿解釋，「生機活菜」好吃的原因，就是將屋頂變成原始森林、草原，仿造植物在土裡自然生長的條件去種植，簡稱「仿生」，種出來的作物可以超越土耕，「仿生不是水耕，我們給蔬菜自然太陽、自然的溼度，甚至微風與露水。提供精準的養分，包含氮、磷、鉀及各種微量元素，16 種

不多不少。因為精準，不會有過多肥料的肥料味，也不會硬梆梆的莖與葉。」

許多都市人都想到鄉下當小農，因為想體驗種植、摘菜的樂趣，沒想到「一品軒涮涮鍋」也能這麼做，我們自己收割、清洗，變身另一種開心農場。為何要準備這麼好的菜給客人？上品閣的經理王品軒說：「這是上品閣李總的堅持，他想要用最當地、最有機的蔬菜食材，讓消費者體驗到最新鮮舒活的食材部分，不管成本有多高。」

「我們不只有最奢華的餐點，也有五星級的飯店式服務」，旅館副理郭盈迪細心帶著客人走一圈，「在餐廳用完餐，還可以到一樓 lobby 休息一下，享用我們特別挑選的台南義豐冬瓜茶，這些服務不分旅館房客、餐廳客人，都能享受飯店式服務。」

牛豬雙拼鍋
（培根牛＋黑豬肉）▶

　　點了「牛豬雙拼鍋」，桌邊的服務人員一定會提醒，「黑豬肉很甜很嫩，不要涮太久喔。」當客人把黑豬肉片送進鍋中涮 10 秒，輕輕一咬，「哇！真的跟外面的豬肉很不一樣」，入口滑嫩的感覺，幾乎沒有豬肉臭，加上淡淡奶香，許多客人忍不住再點一盤。

　　黑豬肉是著名的屏東『梁家小妹黑豬肉』，場主本身是畜牧獸醫師，又傳承了祖父母與父親的飼養技巧，每頭豬都是遵循古法養殖、自然生長，因此成長的速度很慢，飼養期需要一年以上，肉質熟度夠。加上吃益生菌及靈芝粉長大，可說是黑豬肉中的名牌珍貴精品。配上高等級的牛培根，在客人的嘴裡來一場牛豬大對決。

　　王經理介紹：「我們還開車南下，實際去養豬場看過呦，現場 3000 多隻結實強壯的黑豬，有獸醫師良好的照顧，飼料比人吃的飯要好，在現場會感覺很震撼。」這些好吃的豬肉，都來自於飯店總經理的用心選材，只要聽到哪裡有好的食材，馬上帶人驅車去看、去洽談，因為一切透過嘴巴挑剔出來的，才能提供給消費者。

▲ 綿羊豬肉鍋

　　來嘗鮮的客人一翻開菜單，常常這道菜吸住目光，還有人大笑：「這是綿羊還是豬？」郭副理立馬上前介紹，這不是綿羊，是匈牙利珍貴的雪藏豬肉，而且香氣十足，多汁又不油膩，「連我自己都超愛吃的」。它的油脂吃起來特別清爽，就算是肥肉也香甜可口，還帶著淡淡堅果香。

　　匈牙利雪藏豬肉的正式名字是曼加利札豬，它能生存在攝氏零下 30 度的寒冬中，也因此肉細多汁，飽滿紅白相間的顏色有如雪花牛肉。因為放養在牧場和森林中，吃的又是小麥、向日葵籽、南瓜、甜菜等，加上堅果、橡果等來餵養，所以它的肉質有一種特殊的種籽味，而且幾乎沒有豬肉臭，不喜歡吃豬肉的也能接受。

　　「這個長得像綿羊的豬」，郭副理邊笑邊說，肉裡富含油脂，吃起來 QQ 的，完全沒有肥肉的感覺，「好幾次客人帶了上年紀的父母來，都會特別點這一套孝敬父母親，因為很軟嫩，年紀大了也能方便享用。其實綿羊豬的廠商，並不是每家火鍋都會配合提供，它只挑選過高品質的火鍋店供貨，所以整個三重只有這邊才有喔。」

菇雞湯
50

蝦炒飯
120

太子烤飯糰
70

海鮮炒烏龍麵
130

蒜香無骨牛小排
200

新疆羊小排
130

韓式唐揚雞
150

麻油松坂豬
150

肉炸炒水蓮
110

塔香胡麻蛤蜊
130

爺們男氣酒棧

📍 新北市三重區三和路三段 157 號

📞 0908-344-683

🕐 18:00 ～ 02:00

📅 公休日　請參照 FB 公告

愛到燒烤店消費嗎？是自己烤吃到飽，還是廚師烤好的單點燒烤店？有朋友說吃到飽的燒烤店 6、7 百塊就已經很滿足，但是品質好的店家少。也有專業吃漢說，單點品質海放吃到飽，就算價格貴一點也值得。坐在三重知名單點燒烤「爺們 - 男氣酒棧」裡，就會被老闆精緻的調味、嚴謹的烤工處理給感動。當有人問：「單點的燒烤店都誰在吃？」請他來這裡，馬上就有答案了。

剛是下班 6 點，煩囂的三和路 3 段有間小店傳出陣陣燒烤香，媽媽帶著剛下課的小朋友、一票年輕朋友聊天正開心，他們正排隊等待開店，品嘗有無數好口碑的單品燒烤——「爺們」。

「爺們」很小，5、6 張大小不一的桌子馬上就被鼎沸人潮坐好坐滿，鬧哄哄的點菜聲音此起彼落，彷彿蜂箱裡忙碌的工蜂嗡嗡嗡。「爺們」的店長楊士弘一邊招呼客人、一邊熟練的將各式食材放上烤爐。高大帥氣、個性很 nice 的楊士弘，只要廚房不忙時，便會出來跟客人打成一片，喝上幾杯。

不是廚師出身，沒有傳統包袱，或許更能在餐飲業上創新。綽號小肆的楊士弘，原本從服飾業起家，因為固定凌晨才休息，感覺下班以後沒有地方可以好好吃個東西、喝點酒，跟朋友聊天、放鬆。喜歡做菜的小肆，便逐漸萌生「開一間自己愛吃的燒烤店」的想法。

決定出來開燒烤店之後，小肆吃遍數十間三重、台北東區的燒烤店，自己想出 70 種品項菜單，沒有師傅教，完全是靠舌尖的味蕾學出來。小肆點點頭：「創業很辛苦，我不停自修，還看雜誌、youtube，四處請教燒烤師傅。當然開店就是想賺錢，但我不以賺錢為目的，而是喜歡這種氛圍。但『爺們』出菜相當嚴謹，不敢說最完美，但確實盡心盡力。」

許多人都認為來燒烤店是要吃烤肉，但是在「爺們」，店長小肆對小菜製作也是十分用心。像是很受歡迎的「辣肉四季豆」，鹹香微辣，下酒、吃飯都很適合的選擇；不過裡面誘人食慾的肉醬，就花了店長一年多的時間不停的嘗試與改進。

「不只有肉醬自己炒，很多品項都是一道菜就有一個專屬的醬料，我們盡可能在同一種食材上做多種的變化。」店長小肆說出了製作好吃肉醬的祕訣：「肉醬要用『煸』的方式去濃縮它的香氣，整個過程要花上1小時，先把肉的水分煸乾，過程加洋蔥、芝麻、香料、小茴香等，最近還加了豆豉，都是天然香料，去把最好的味道提出來。」

店長小肆解釋，開業僅一年多，肉醬的配方就改4、5次，「我們總覺得好還可以更好，不停在小細節中進步，累積起來就是一次跳躍。」

▼ 烤捲綜合

當人們第一次走進某間餐廳，點菜總會不自覺選擇招牌菜，因為這樣可以了解餐廳主廚對於好吃的定義。第一次到「爺們」，可以選擇有5種口味的「烤捲綜合」，包括了：蔥花牛（豚）肉、泡菜牛肉、大白牛肉、金針豚肉、番茄培根等，一次吃盡5種不同的好味道，也馬上理解這家店的料理用心。

吃過「蔥花牛肉捲」的客人幾乎都會立刻出聲：「好吃」。店長小肆笑著說：「我們有別於一般的蔥牛捲用春捲皮來包。『爺們』直接用牛肉捲，而且把蔥切碎，有口感又不會有蔥的嗆味，能直接品嘗到牛肉的鮮美，也避免整根蔥會太辣。」

◀ 鯖魚一夜干

「這道菜賣得很好，我不喜歡把自己東西捧的有多高，但一夜干就只是這樣做。」店長小肆聳聳肩：「我想是因為這是自己做的，還有就是我們很注重烤工。」

「爺們」的「鯖魚一夜干」，細嫩還帶油脂，咬出濃郁的魚乾鹹香，配著啤酒下肚，「啊～」讓酒客們忍不住發出讚賞的聲音。「爺們」的一夜干有三種魚，鯖魚、花魚、花鯧，泡酒水去腥味，「很多人一夜乾會用晾的，但我覺得馬路邊不乾淨會有灰塵，所以我們是放冰箱，所以味道不像鹹魚，更水嫩。而且我們的口味還可以依客人喜好來調整，要溼要乾都可以，什麼都能客製化也是我們的特色。」

▲ 爺式老滷牛筋

「爺式老滷牛筋」是店裡唯一的一道滷味，但非常受歡迎，甚至還有客人吃完了牛筋之後，還把湯汁打包，回家下麵條、拌飯來吃。小肆說：「原本是因應一些下午6、7點來吃晚餐的客群，他們希望就是速度快，沒想到大家都愛。完全用天然食材、中藥去熬，例如八角、茴香、孜然等，絕對不用牛骨粉。為了要讓牛筋吸飽湯汁的香濃，必須要滷2個多鐘頭，事前的準備才是真工夫。」

▲ 蒜香無骨牛小排

「嫩、香！」是食客們對「蒜香無骨牛小排」的評價，一反燒烤牛肉上都是濃焦的醬料，「爺們」的牛小排卻是清爽無醬？！用牛排等級的無骨牛小排，微火燻烤20分鐘，烤出牛肉的甜香，切片後不見血但帶著深紅。除了灑點椒鹽，只用店家自己炸蒜片、乾洋蔥，配些許蔥鹽調味；看似簡單了點？卻大獲好評。

510 Darts
飛鏢運動吧

尋找愜意放輕鬆

漫漫長夜不無聊

一樣去放鬆，有百樣「吧」可以選。在「510 Darts 飛鏢運動吧」，醉人的不是拚酒意，是拚出命中的快感；吸引人不是酒後迷濛的雙眼，是緊盯飛鏢靶專注眼神。其實台灣不少人熱愛飛鏢運動，除了飛鏢吧，還有飛鏢店、熱炒、燒烤，連髮廊及釣蝦場都有人放飛鏢機台，不過最放鬆愜意的還是飛鏢吧。想要漫漫長夜不無聊？又不想只是耍廢、打嘴砲？來打飛鏢吧。

不吸菸的人去酒吧，總是會感到烏煙瘴氣，安靜的人去酒吧，總覺得酒酣耳熱太吵鬧？三重知名的「510 Darts 飛鏢運動吧」是少見的複合式運動 BAR，也是飛鏢運動精神的場域，3 台全世界連線的飛鏢機台，只要有興趣想打一場，來這裡不怕沒有對手，沒對手也有店員妹妹陪你玩。

客人尋找放鬆愜意，氣氛熱情的而沒有菸味影響，吧台旁的小舞台傳出陣陣悅耳音樂，是駐唱歌手的輕聲吟唱，偶爾還有客人點歌 high 唱；牆上 100 吋投影螢幕，正播放國際運動賽事或是大型比賽。

「510 Darts 飛鏢運動吧」的公關 Dolly 説：「這裡有與眾不同的磁場，進來的人就是喜愛飛鏢運動的朋友，我們提供大家在三重一個單純安全的深夜聚會場所，是休閒、輕鬆、互相交流的環境；客人進來像是開同學會，每個人下班來這裡放鬆，這是我們想營造的感覺。不管是一個人、兩個人、一群人來，不管是想喝醉、想聊聊、想打鏢、想聽歌，我們都會陪你度過漫漫長夜不無聊。大家來輕鬆，不要有壓力。除了打飛鏢，還可以吐苦水、畫虎懶。」

剛出生時的「510 Darts」是完全禁菸的，與其他坊間的酒吧不同，Dolly 表示，因為當初開這間店時，老闆只是單純想要自己練飛鏢，加上當時老闆娘懷孕，所以就將飛鏢吧設定是無菸的環境，喝酒只是附加服務。如果一定有人要抽菸，就請客人去外面，之後考慮客人為了解個癮而上下樓不方便，才隔一個吸菸室出來。

其實台灣玩飛鏢的人相當多，Dolly 細心的解釋，像店裡這種跨國連線對戰的飛鏢機台，有專屬的 App，只要點開 App，就會找到附近哪裡有飛鏢機台。玩飛鏢機台只需投錢，電腦會主動計算分數跟成績，裡面有許多不同的小遊戲。「最著名的就是 01 的遊戲，他有 301 分、501 分、701 分，顧名思義靶上打到幾分，他就會扣掉幾分，然後比賽誰先歸零。當然機台內不只這些遊戲，除此之外還可以跟別的店家，甚至國外的機台連線、對戰。飛鏢機台的廠商，每年都會辦全台的飛鏢競技。」

大家對於三重的夜生活，普遍的想法都不太放心，不過「510 Darts」是女生也可以放心進來的 bar。Dolly 説明，進來的客人有兩種，一種是單純玩飛鏢機台的人，他們不太喝酒，甚至喝無酒精飲料；另一種會玩飛鏢機台，還想找人聊天的。但是別有用心的人來這裡會發現氣氛不對，自己就會離開；店裡也不希望太亂，維持飛鏢吧的精神。

510 Darts 飛鏢運動吧

新北市三重區自強路二段 88 號 2 樓

02-8985-0656

20:00 ～ 03:00

公休日　無

◀ 有趣的菜單

到「510 Darts」不只氣氛輕鬆，菜單也是有趣的焦點，品項的名字也很有創意，例如想清醒的蛤蜊湯、躺著也中槍花枝丸、抓不到人的蠔油鳳爪、還很嫩綠茶、不叫小楊的酸菜脆腸、懶人包三拼……，Dolly 說：「當時大家一起想菜單，覺得只寫花枝丸有點無聊，就想一些有趣、會心一笑的名字。雖然我們是飛鏢吧，也有隱藏菜單喔，就是炒泡麵。」

「熟客才知道，這是老闆個人的私房料理，雖然看起來簡單，但工夫就在小細節裡，泡麵用的不是一般的王子麵或是科學麵，配料簡單卻很受歡迎。」

「有次老闆吃炒泡麵，有位客人也是朋友來找他，客人聞到香味馬上就要吃看看，結果後面一傳十、十傳百，愈來愈多人要吃，變成菜單上沒有，卻是最受歡迎的料理。」

510 無酒精特調 ▶

為了純粹來玩飛鏢、不喝酒的客人，「510 Darts」也提供選其他酒吧看不到的「510 無酒精特調」，Dolly 說：「許多都是員工自己的創意，外面喝不到喔。雖然無酒精，一樣很有氣氛。無酒精特調沒有品項可以選，點了以後吧檯會問客人的嗜好，喜歡甜的、酸的、氣泡？其他就交給我們的創意。」

◀510 生命之塔

　　雖然以飛鏢吧為主，但是想來開心喝酒的客人，「510 Darts」酒吧當然也能滿足他們。像是「510 生命之塔」就有 28 杯調酒，裡面有 7 杯含有生命之水，很多客人在聚會時都會點來玩。生命之水是酒精濃度 96% 的酒，讓客人玩遊戲用，如果想讓來慶祝生日或是辦單身派對，拿生命之塔來辦 party 就很有趣。

昕圃活力
自然餐館

世界各地都來吃

這裡素食有靈魂

常常有人因為身體健康亮紅燈，就開始吃素食，不過大家也覺得：「會有效嗎？」我們在三重就碰上真正有效的見證。三重三民街的「昕圃活力自然餐館」，因為老闆有三高，體重達 100多公斤！老闆娘為了要照顧先生的健康，乾脆開一間蔬食餐廳，經過潛心研究，不僅菜色好吃，老闆減輕 20 多公斤，全家的健康都找回來了。趕快來看看料理好吃，又健康的素食餐廳到底有什麼不一樣。

「許多人都是為了健康而來到這裡」，老闆娘張美惠說，來店裡的客人全世界都有，原本吃葷食的人居多，他們想吃好的蔬食，讓自己的身體代謝好，這些人最後都會找到這裡，「因為我們有很多種菜單，變化豐富：中式、西式、日式、義大利披薩，無論是從世界哪個地方來的客人，都可以享受到美味的蔬食。」

老闆娘喜歡跟客人聊天：「曾經有印度觀光客來店裡面，他們不吃加工食品，也不吃肉，來到這裡才找到他可以吃的東西，吃完好開心。也有外國人特地坐計程車來這裡找蔬食，吃完說菜色跟陽明春天的素食等級一樣，但是價位只有 1/7，全家都大讚 CP 值高。」

吃素食能為地球做一點事情，「讓地球健康，也讓自己健康」，老闆娘說，現在很強調環保，從另一個角度來看，吃蔬食可以減少碳的排放量，還可以讓自己身體健康。全世界到處是極端天氣，都是人類造成的。剛開始只是為了給先生吃蔬食，現在發現，素食不只是有益自己、有益大家，還有益地球。

昕圃活力自然餐館

📍 新北市三重區三民街 272 巷 1 號

📞 02-2988-2933

🕐 11:30 ～ 21:00；15:00 ～ 17:00；
   18:00 ～ 21:00

🗓 公休日　無

◄ 綜合乳酪披薩

披薩是這裡絕對要品嘗的餐點，使用全手工的餅皮，搭配植物奶油，從揉麵開始都是店家自己摸索，點餐的人會發現，送上來是不太規則的餅皮，但這就是手桿餅皮的象徵喔。

除了餅皮是手工做的，當作底層主要香味來源的的番茄紅醬，當然也是店家特別花時間製作的，用番茄丁、番茄粒下去拌炒，加上新鮮的巴西里，最重是使用鮮榨頂級橄欖油，絕對健康；最後配上三種起司，咬下去的餅皮蓬鬆、香脆有勁，跟專業爐烤披薩比一比，真是難分軒輕呢。

三杯猴頭菇 ▼

「三杯猴頭菇」是一定要試試看的招牌菜之一，也是店內的自信創意料理，猴頭菇吃起來鹹、甜、香、酥，口味俱全，是美味的關鍵。廚師用 5 個步驟才完成猴頭菇的料理，乾的猴頭菇經過泡發、蒸熟、冷凍、油炸、快炒，讓它濃縮味道，保住新鮮度跟口感。

「昕圃活力自然餐館」重視天然的味道，「三杯猴頭菇」也是一樣，味道溫和不死鹹，祕訣在於沒有放米酒，而是用醬油、糖、香菇素蠔油，用特殊比例調出類似三杯的味道。最後加入許多彩椒、香菇一起拌炒，讓香菇、猴頭菇吸飽三杯、蔬菜風味。

十全藥膳湯麵 ▶

「十全藥膳湯麵」是台灣相當受歡迎的素食餐點，在「昕圃活力自然餐館」更是特別受歡迎，湯頭清爽溫潤沒有過重的中藥味，不過濃、不苦澀，愈喝愈好喝，沒有傳統藥膳素菜藥味過嗆的感覺。喝起來甘甜，卻不膩口，原來裡面完全沒放糖，而是用枸杞、紅棗、甘草去取代甜味。

「很多朋友來這邊吃飯，都說不像素菜，就是因為炮爐的鍋邊氣，可以會讓菜沒有澀味。鍋邊氣是靠火侯，我們廚房用的是做川菜、台菜的炮爐，不是一般瓦斯爐。」老闆娘解釋：藥膳湯裡有白朮、當歸、黨蔘、甘草、黃耆……等，超過 10 種以上的中藥，是餐廳研發出的祕方美味，從完全不懂藥材，慢慢去研究、搭配出屬於自己的配方，如今大受歡迎的湯頭，是當初花一個月的時間才試出的配方。

南瓜奶香鍋 ▶

　　有些火鍋，就算夏天也好吃，「昕圃活力自然餐館」裡的「南瓜奶香鍋」正好就是四季暢銷菜品。不僅是春夏秋冬，四季都想吃的火鍋，同時也是老闆娘的最愛。

　　為什麼如此受歡迎呢？老闆娘透露了一些祕訣，先用蔬菜熬湯底，最重要的白醬是用麵粉、橄欖油文火慢炒出來的，用少許鮮奶油調味，口感絲滑特別細緻，濃郁又帶有餘韻。湯料會搭配上好的南瓜，如果時節對的話，可能會吃到甜味豐腴的栗子南瓜，個頭小卻更甘甜，口感也會更細，雖然成本高一些，也不會加價。

◀ 泰 式 打 拋 菇

　　「這道菜的靈魂，在於廚師要創造出素的 XO 醬，素的肉醬」，老闆娘細心的說：「因為我先生喜歡吃辣的，這是為他創造出的味道。剛開始做的『泰式打拋菇』味道偏酸，後來發現市場的接受度並不好，就請廚師改良，讓它有酸的香氣，但不會有酸味。一推出大受歡迎，我們把食材切得比較小塊，讓老人家跟小孩子適口性更佳。」

　　「泰式打拋菇」的原型就是泰式打拋豬，很好想像，味道像不像不是重點，而是製作的工序比葷菜更麻煩。光是辣油就要用魔鬼椒、花椒、朝天椒、毒蠍椒等 8 種辣椒製作，其他看得到的食材包含花菇、紅椒、黃椒、青椒、聖女番茄等，炒出香味後灑辣椒絲，遠遠端來就已經傳來陣陣香味。

　　雖然是素食，廚師製備辣油完全不馬虎，甚至比葷食更繁複。從切辣椒開始，8 種椒與花椒炒香，耗時一天，程序一個都不能差，如此才能先辣再麻。另外素肉醬製作也是需要一天，食材主要是杏鮑菇、花菇、香菇，先切丁再油炸拌炒，炒出不油膩的香氣。「口味可以分大、中、小辣，市面上很少挑戰辣度多高的素食餐廳，歡迎喜歡吃辣的朋友來試看看。」

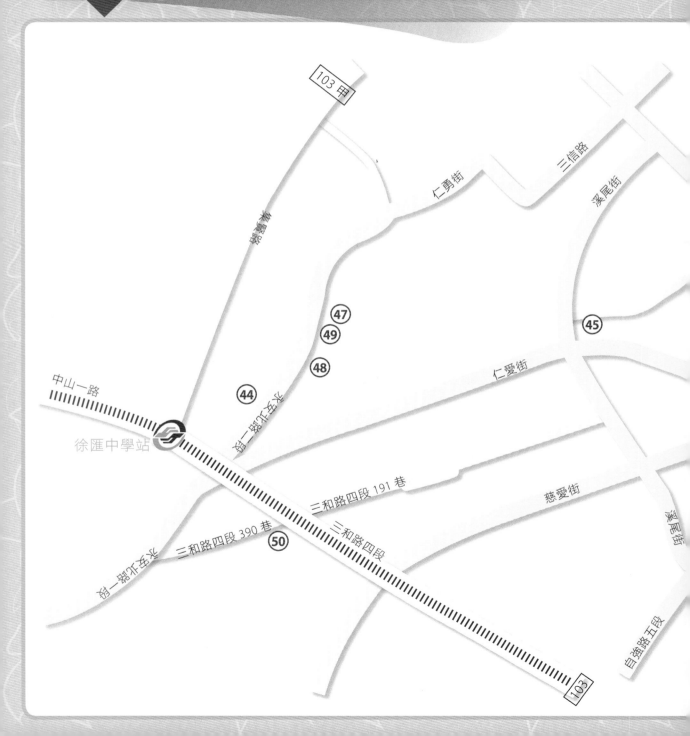

㊹ 惡餓鹽酥雞

📞 0908-118-522
📍 永安北路二段 22 號

㊺ 鎧悅咖啡館

📞 02-8988-1878
📍 碧華街 189 號

㊻ 大呼過癮
臭臭鍋
三重碧華店

📞 02-2857-6199
📍 碧華街 319 號

㊼ 享吐司

📞 02-2857-2466
📍 永安北路二段 39 號
1 樓

㊽ 黑邦廚房

📞 02-2855-9591
📍 永安北路二段 25 巷
10 號

㊾ 合之屋

📞 0989-630-716
📍 永安北路二段 37 號

㊿ 三町
日本料理

📞 02-2287-2568
📍 三和路四段 390 巷
4 號

五華街

自強路五段

Hi! 來吃我呀!

惡餓鹽酥雞

正港萬惡美食

特別酥脆不油膩

惡餓鹽酥雞

📍 新北市蘆洲區永安北路二段 22 號

📞 0908-118-522

🕐 16:00 ～ 24:00

📅 公休日　無

　　鹽酥雞是萬惡美食！不管早上想吃（好像還沒開）、中午想吃、下午想吃，一吃馬上變胖的消夜，更是超級超級超級想吃；獨自一人想吃、情人約會想吃、朋友嘴砲想吃、坐在禁帶鹽酥雞的電影院更想吃；果然是萬惡美食。我們來到三重區永安北路 2 段，本來只要介紹三重區的美食，聞到「惡餓鹽酥雞」香到神智不清，竟然打破規則介紹蘆洲區的美食（永安北路 2 段單號是三重，雙號是蘆洲，隔壁而已），再次證明鹽酥雞是正港的萬惡美食。

　　「惡餓鹽酥雞」名字簡單好記不會走錯間，在永安北路 2 段 22 號的「22 鹽酥雞」。老闆是一對姊弟，姊姊詹美鈴專門設計配出好味道，弟弟詹伯偉專門研究炸出好味道，姊弟二人同心協力，規畫出一間捷運徐匯中學站周邊的必吃小店。詹美鈴馬上臨場發揮：「肚子餓餓就吃惡餓，肚子餓了就來惡餓；美味現點現做，請耐心等候喔。」

　　每一間鹽酥雞攤味道都大不同，一般人大概會認為是沾粉不同、醃料不同、胡椒鹽不同？其實除了這些放進嘴裡的東西，還有更多是機器設備的不同，也就店家要投資多少錢的問題囉。「惡餓」店內的設備，除了一般設備，還有脫油機、靜電機、雙炸爐，都是幫顧客製造美味的關鍵。最直接就是脫油機，1 台要價 1 萬多元，少有店家使用，可以讓鹽酥雞甩去身上的肥油，吃起來特別酥脆不油膩喔。

　　2 個新式炸爐，都屬於可控溫的交叉管油炸機，比傳統油炸機貴 2、3 成，加熱快可維持油溫，鹽酥雞炸出來才會又酥又好吃。詹美鈴解釋：「如果用傳統油炸機，東西多放一些油溫就會下降，甚至有可能炸不熟。我們 2 個爐子設定不同溫度，每道菜都下去測試，針對不同品項用不同油鍋，這是我們一再測試發現的方法，還能炸得快減少客人等待時間。」

　　「惡餓」提供 40 多種炸物料理，看起來都很新鮮乾淨，超想全部夾走！檯面不雜亂，每一種食材都有固定位置，頗有職人精神。詹美鈴拿起雞排說：「我們都很注重新鮮衛生，該冷凍的食材一定會冷凍，因為保持住食物的水分才會好吃喔。」

▲ 銀絲卷（煉乳、花生）

一般炸「銀絲卷」都會加煉乳，在「惡餓」除了煉乳、還能加花生粉；推薦熱戀中的情人一起吃，因為真的好甜蜜。不過吃了絕對會胖，可以一邊吃一邊發萬惡消夜文，叫大家陪著一起胖。

◀ 照燒皮蛋配泡菜

「照燒皮蛋配泡菜」就是炸皮蛋配照燒醬、配台式泡菜。泡菜是老闆的媽手作，老闆說用台式泡菜才搭，而且醃愈多天愈好吃，韓式泡菜用配炸皮蛋會太鹹太多味道。「惡餓」的照燒皮蛋還有一個跟別人不同的地方，其他攤子都是切開來，這裡是整顆一起炸，所以還能吃到最好吃的地方——「膏膏」的皮蛋蛋黃喔。

提供一則美食小常識，炸皮蛋全台有得吃，不過它不是台菜，是道地的魯菜（山東菜）喔，叫做炸熘松花，因為皮蛋在山東叫做「松花」，不說不知道吧？

▼ 香雞排

「香雞排」炸得外脆內嫩、肉質鮮甜熱騰騰，店家用獨家醃料，香氣逼人；加上特殊裹粉方式，做出「皮肉不分家」的脆皮雞排，酥皮薄又不死鹹，加上合理的價格，學生放學經過幾乎人手一塊：「好吃」。

「惡餓」的香雞排，特色就是不會皮肉分家，而且麵皮薄又脆，這個祕密就請老闆之一、詹美鈴來解釋：「雞排上面沾的粉，同時用上溼粉、乾粉，至少經過二、三十次調整，還要測試油炸的時間，最後要達到皮肉契合的樣子，所以那一陣子我們天天都在吃香雞排。」老闆毫不猶豫的說出他的祕訣：「雞排麵皮好不好，最簡單就看店家給不給剪開，店家說不幫客人剪，因為一剪開馬上皮肉分離，散開很難看，而且雞肉湯汁也很快乾掉；所以我們的雞排都可以剪喔。」

正常來說雞排都只是撒胡椒鹽和辣椒粉，「惡餓」的香雞排加醬汁，為了要讓附近的學生族群喜歡，還特別找了自己的小孩、小孩的同學來做測試，而且香雞排分量大又便宜，肉就足足有 7 兩重，所以可以說是吃得飽又吃得巧喔。

▼ 鹽酥雞

「鹽酥雞」的風味類似香雞排，但是更濃郁，原因裡暗藏了體貼客人的心，詹美鈴解釋：「鹽酥雞醃得比較久，因為雞排是一口接一口吃完，味道要平衡一點，不能太鹹。鹽酥雞常常是很多人一起分著吃，或是買很多其他的品項參雜著吃，味道重一點才有味覺的高低起伏，有品嘗樂趣。」

「惡餓」的鹽酥雞還有一個其他攤沒有的特色——「冷掉一樣好吃」，因為老闆裹粉用了獨家祕方。別家冷了硬得像石頭，還會出油，「惡餓鹽酥雞」炸起來酥、冷凍還會 Q，值得稱讚：「了不起，你的雞」。

鎧悦咖啡館

藏身老三重布街
客製化烘豆的好咖啡

愛喝咖啡的你，總是有這樣的煩惱？走在大街上四處是連鎖咖啡，打開手機傳來的是連鎖咖啡的訊息。其實我們的心目中都有個夢想的咖啡館，為喜愛咖啡的你打造屬於你那一杯濃色的沉郁。這樣的夢想，在三重裡竟然燦爛的盛開，只要你願意，注意轉身後的巷弄一角，一間完全不同風情的單品咖啡館靜靜佇立。走在老三重布街，飛翻的花布裡，隱藏著它「鎧悅咖啡館」。

鎧悅咖啡館

📍 新北市三重區碧華街 189 號

📞 02-8988-1878

🕐 週一～週六 09:00 ～ 21:00、
週日 09:00 ～ 18:00

🏛 公休日　請參照 FB 公告

走在三重布街——碧華街，從店裡延伸出的貨架上，掛著各種花色的布頭布尾，這裡的時光彷如 30 年前，只是人潮不再熙攘。「鎧悅咖啡館」，乍聽下與老街格格不入的產業，氣氛卻意外的契合融洽，同樣在轉角、同樣等待有緣的友人。

走進咖啡館，服務的熱誠與融合深褐與清亮透光的迷人氣氛，有如一杯冰滴咖啡中漂浮著咖啡冰，這就是「鎧悅咖啡館」給人的第一印象。感情融洽的氣氛來自共同創業的姊弟倆，兩人共創自有品牌的單品咖啡館「鎧悅咖啡館」，它的英文名叫 Kaweh cafe，咖啡（Coffee）這個字正是源自阿拉伯單字「Kaweh」，意思是力量與活力。

從小就在新北三重長大的姊弟倆，不約而同想要建造屬於自己的咖啡天地。姊姊李湘芸說，學生時期深感咖啡館能創造出快樂的回憶，所以希望能把感動自己瞬間傳播出去。愛喝咖啡又愛做點心的弟弟李盛豐則說，咖啡館的悠閒氣氛，正好能填補現代人心靈的缺角。他發現懷舊的人潮開始回到布街，也活絡了這裡的生活。曾遇到客人遠從宜蘭來這買布，被咖啡館的香氣所驚豔，不僅進來喝咖啡，還馬上帶一包店家烘焙的咖啡豆回去。

原來店裡不止能隨客人喜好「手沖咖啡」，還有深淺皆宜的客製化「手烘咖啡豆」。李湘芸指著牆壁上各式各樣的咖啡豆，表示都是店家親自烘豆，而且自己會去嘗試新品種的豆子，如果想試喝新品種咖啡，在此地嘗鮮的機會比連鎖咖啡館多更多。李盛豐解釋，店內會針對豆子的特性挑選用什麼方式來烘焙，研究烘焙時間長短來配合不同香味濃度的的豆子。

「所以我們可以針對客人需求做細微的調整」，姊姊李湘芸說，咖啡的原始風味，必須要用淺中焙的豆子，才可以喝出真正咖啡豆的風味。

「好心情就能沖出好咖啡」，李盛豐笑著說，我會教客人喝比較淺中焙的豆子，有點帶果酸，有的還會帶檸檬香。像是衣索比亞耶加雪菲，瓜地馬拉微微特南果，其他新進來的哥斯大黎加中美水洗、春天水洗，有些是嗜喝咖啡者的熱門新品種；還有藝妓、斑帶蝶，是連鎖咖啡喝不到的咖啡貴族，有熱帶風味的花香，在這裡都能品嘗到。

◀ 丹綺夢單品咖啡

我們點第一杯咖啡就是「丹綺夢單品咖啡」，這款咖啡豆中的新星，是來自衣索匹亞的日晒豆，與許多人常喝的耶加雪菲是同一種，但是產區不同，可以說是耶加雪菲的高級版本，風味獨特，除了混合果香與花香的味道，還揉合了溫柔的莓果酸香與黑巧克力風味。

招牌水果茶 ▶

對於愛喝下午茶的朋友來說，水果茶絕對是一個不可或缺的存在，好的水果茶要有果粒、果香，絕對不能是一包水果風味的紅茶加熱水就能了事。「鎧悅咖啡館」的「招牌水果茶」，既然能成為「招牌」，絕對是有與眾不同的地方。壺裡有種類超豐富的新鮮水果：蘋果、奇異果、檸檬、金桔、柳橙……。最重要的是店家自己熬煮的鳳梨糖漿，非常具有水果風情，甜香之中有著神秘的熱帶雨林氣息，李盛豐還偷偷透露，裡面只有水果，沒有茶喔，所以這麼濃郁的水果風味，通通來自於新鮮的水果與神奇的糖漿。

其實大家如果細心品嘗，還能發現更多神秘的配方。店家放了百香果醬、乾燥的藍梅，加上之前說的鳳梨糖漿，難怪能孕育出層次豐富的熱帶水果風味。一般在外面喝的水果茶，極少有這麼充滿層次，可以說是精心調配的熱帶水果綜合果汁。

◀ 輕 食

常常去咖啡館的朋友，可能會滿意於咖啡的精緻程度，但想要找一些輕食來搭配，卻要看店家有沒有信心與誠意提供，在「鎧悅咖啡館」中，想達到咖啡與輕食兩者的平衡，卻如此簡單。

例如「鎧悅咖啡館」的披薩，有燻雞、鳳梨火腿起司、夏威夷等口味，燻雞口味披薩裡有番茄、小黃瓜、燻雞……清脆而薄的披薩皮，讓人爽口大咬。

大家常常吃「鮪魚三明治」，在這裡也是人氣輕食，店家細心調配的鮪魚玉米，再搭配一點生菜沙拉跟餅乾，料豐味美，在如果只是想要補充一天能量，絕對綽綽有餘。

要吃豐富一點的餐點，「鬆餅」絕對是其中最有 CP 值的輕食，盤中除了鬆餅外，還搭配薯條、雞塊。就算是男性朋友，也能飽足他的飢餓的食欲。這份鬆餅最奇特的地方，是「不小心放到冷掉竟然很好吃」，原來李盛豐採用了獨家配方，不採買食品材料行的鬆餅粉，而是自己用麵粉、雞蛋、牛奶……，慢慢做出濃香清甜的鬆餅，因為冷掉也很好吃，適合在咖啡館裡面一邊聊天一邊傳 LINE，輕鬆品嘗人生滋味。

大呼過癮
臭臭鍋
三重碧華店

就是愛吃鍋的店長
激盪小宇宙變出新味道

大呼過癮臭臭鍋（三重碧華店）

📍 新北市三重區碧華街 319 號

📞 02-2857-6199

🕐 11:00 ～ 23:00

📅 公休日　無

　　「三重人愛吃鍋！」三重是各大小連鎖鍋物店必定插旗的重鎮，走一趟街區，愈來愈多連鎖、獨立品牌火鍋專賣店紛紛加入戰場，但這些店家的對手並不是其他家火鍋店，而是三重人挑剔的味蕾。除了比美味，還要比 CP 值，三重的食神們推推眼鏡：「海鮮不夠青，失敗！肉片一燙就散，失敗！連鎖店沒有獨立特色，失敗中的失敗！」我們也有相同的感受，一起來品嘗這間能在風浪中存活下來的「大呼過癮臭臭鍋三重碧華店」。

　　「連鎖鍋物店如何做出自己的特色？很難，真的很難！但是我們做到了。」大呼過癮臭臭鍋三重碧華店陳店長驕傲地說。

　　陳店長一年多前與朋友一同加盟大呼過癮臭臭鍋，在此之前，陳店長做過蚵仔麵線、羊肉爐、燒烤，可說餐飲業的經歷豐富。「對我最有用的訓練，卻是在 KTV 的吧檯裡」，陳店長說：「吧檯的工作隱藏了所有的技巧想法，吧檯要出熱炒、港點、麵點、飲料、炸物……上百種品項，能訓練自己做出最好的時間管理、食材管理，才能在最短時間出餐。當我把所有的經驗、想法集中起來，才能把這間店變得跟別人不一樣。」

　　陳店長的經營模式，介於臭臭鍋與涮涮鍋的中間。陳店長比著鍋子深度：「其他臭臭鍋的鍋很淺、料又少，看起來好像東西很多；我家的臭臭鍋夠深、夠大，是其他人的 1.4 倍，湯多、料豐富，吃到涮涮鍋料多的感覺，又可以吃到臭臭鍋的味道。雖然配料多會讓毛利降很多，但這就是三重人重視的 CP 值。加上白飯吃到飽，又能吃冰淇淋吹冷氣，還有電視看，有沒有覺得 CP 值破表了？」

　　鍋物中最重要的味道來源，就是湯頭，為了滿足三重人挑剔的嘴，「大呼過癮臭臭鍋三重碧華店」湯頭不是連鎖加盟店的固定高湯，而是自己再調整的，「我家湯頭可以跟高單價的鍋物拼一拼，除了公司提供的高湯粉，還多加了大骨、洋蔥、蒜頭、紅蔥酥等，讓濃度、亮澤呈現美味的顏色；洋蔥可以提供甜味，紅蔥酥增添香氣，放蒜頭是要多一點誘人的蒜味，幾乎所有人都覺得我家湯頭會自然甜，不是因為加很多味素。」

　　在陳店長的眼中，臭臭鍋是鍋物產業中一個相當特殊的存在，「三重人真的很愛吃鍋！我也是」，臭臭鍋因為上桌時已經直接煮好，送上來就可以吃，跟涮涮鍋比較起來節省許多時間，「對於像我這樣急性子，不想花 1、2 小時吃一頓飯的人剛好。」許多人想不到的，是臭臭鍋還能節省另一種時間，陳店長解釋：「臭臭鍋的經營可以簡單化，涮涮鍋要切肉片擺肉盤、擺菜盤，臭臭鍋是食材入鍋就直接煮，不用想擺盤多漂亮，出菜也快。」

大腸臭臭鍋 ▶

店內的食材幾乎都是陳店長自己選購、找來的，想要吃「別具風味」的臭臭鍋，一定要吃這一鍋「大腸臭臭鍋」。陳店長說：「肉是特選中的特選，煮久不會過柴，肉片的厚薄度跟口感都是自己試了又試，所以我家的豬、牛、羊，都是選美選出來的，歡迎來比較。」

大腸臭臭鍋的火鍋料有大腸、臭豆腐、鳥蛋、韭菜、魚板、黃金麻糬、鑫鑫腸等等，還會隨季節更換。這裡每一種鍋幾乎都會有 8 到 10 種的火鍋料，非常澎湃，完全不像是坊間一般臭臭鍋。除了湯頭的味道，店家毫不猶豫放入一大瓢沙茶，香氣暴衝滿點。推薦大腸臭臭鍋一定加點麻辣餃，煮完配著臭豆腐吃，完全變身麻辣臭豆腐鍋。

◀ 海 鮮 豆 腐 鍋

吃「海鮮豆腐鍋」，裡面的食材當然是特選豆腐，同樣是傳統豆腐，陳店長選擇口感較嫩、入口即化的，重點是吃起來豆香十足。火鍋料中有海鮮、高麗菜、肉片等，其中海鮮以蝦子、魷魚為主角，吃海鮮鍋時，最適合加點的火鍋料就屬魚包蛋，可以增加湯頭的鮮味。

為什麼沒有蛤蜊呢？陳店長說：「因為自己愛吃鍋，至少要我能接受這個鍋的品質跟價值，重點是蛤蜊很難每顆都退沙，如果發現鍋子裡面有沙，我就會換新一鍋給客人，但是品質一直沒有辦法保持到最好，所以品質不好就不如不要。」聽到店長對品質要求的魄力，感覺這家店不推對不起自己啊。

◀ 牛奶起司鍋

　　「牛奶起司鍋」是店內 CP 值最高的鍋物，裡面的火鍋料也最多，豬血糕、黃金魚蛋、海芋球、蝦子、油豆腐、鴨血、豆皮、冬粉，翡翠蝦球、黃金麻糬⋯⋯一票其他鍋沒有放的高單價火鍋料。陳店長開心的說：「我個人喜歡吃這個牛奶鍋，濃郁又香，不過利潤最少啊。」

　　其中最貴的食材，也是鍋物味道的主要來源：法式白醬、奶水及牛奶起司，讓整鍋湯呈現濃稠的乳白色；雖然食材貴，店長仍然大把灑下起司，放料不手軟。「牛奶起司鍋」最適合加什麼火鍋料呢？陳店長點點頭：「放什麼都適合，其實來店裡一定要點一盤我自製清爽醃小黃瓜，這是店裡最精緻的小菜喔。」

享吐司

分享的天堂
快樂元素夾進熱壓吐司

享吐司

📍 新北市三重區永安北路二段 39 號 1 樓

📞 02-2857-2466

🕐 平日 6:00 ～ 14:00
　　假日 7:00 ～ 14:00

📅 公休日　不定，請參照 FB 公告

　　夢想中的早餐店，是溫馨的深夜食堂，還是絕美不思議的第凡內早餐？永遠給你最想吃的早餐，帶來一天的好心情，才是夢想中的早餐店吧。所以棉花糖可以是早餐，湯圓、珍珠……把所有讓人快樂的元素都放進二片吐司裡，加進熱烘烘的心意，夾成一掌熱壓吐司。仔細看，邊邊上焦糖色的線條上，是不是有一絲「快樂」不想被吐司關起來，正要擠出來透氣，跟大家一起分享快樂天堂「享吐司」。

　　「有媽媽說，她家小朋友會把我們家所有生菜都吃光耶，連吐司邊都乾乾淨淨喔。」享吐司的老闆姊妹花，姐姐楊文青說：「『享吐司』是我們夢想的早餐店，所有的菜單都是我們愛吃的東西，沒有我們不喜歡、不敢吃的東西。」

　　百分之百小孩子愛吃的早餐，是小孩子夢想中的早餐店。老闆姊妹花，妹妹楊純瑜說：「我們姐妹都愛吃吐司、愛喝珍珠奶茶，所以珍珠吐司是我們最喜歡的搭配！來吧來吧，珍珠夾進熱壓吐司裡，好吃又不怕禁用吸管！」

　　楊文青在剛進入社會時，在早餐店做過幾年，後來去外勞仲介公司上班。「我相信夢想，所以我追夢、」，有一天，楊文青喝著最愛的珍珠奶茶，想起自己高中時就有的夢想，「開間早餐店，照顧身邊親友的胃」，她毅然決然放下白領的輕鬆工作，開一間夢想中的早餐店，還把妹妹拉進來當店員。

　　「『享吐司』的樣子就是我小時候心目中的早餐店，隨著年紀愈來愈大，再過去就怕不能圓夢，所以決定出來開一間專賣熱壓吐司的早餐」，楊文青笑著說：「我小時候想像的早餐店還有玩的地方，有個大球池，還可以打電玩、看電影。」楊文青做起草帽軍團的樣子：「電影院要播卡通，一定要有海賊王，希望它到我 50 歲還在演。」

　　妹妹楊純瑜接著說：「我們的夢想裡都有可愛的食物，珍珠、棉花糖、湯圓都在夢裡上上下下滾來滾去。我很喜歡起司蛋吐司，可以連續吃好幾天吃不膩，所以店裡有個 ABC 系列，A 雙倍起司、B 雙倍火腿、C 雙倍培根，都是雙倍，讓大家一吃就會愛上熱壓吐司，而且價格親民。」

打拋豬 ▶

「打拋豬」？大部分的人都很難把香辣夠勁的泰式打拋豬，與熱壓吐司聯想在一起？不過享吐司的「打拋豬」可是店裡最受歡迎鹹口味吐司之一，打拋豬肉與吐司像是舞池中的男女森巴舞者，舞步飛轉、洋溢熱情，吃過就忘不了。

這道料理中是貨真價實的泰式打拋豬，沒有因為配合吐司風味就減少了什麼，老闆挑選 3 肥 7 瘦的豬絞肉，拌炒九層塔、番茄、辣椒、蒜頭，辛香料等。愛吃香辣風味的客人，不需要找店家要辣椒醬，來份「打拋豬」就能讓你一早充滿熱情活力。

◀ 起司牛

「起司牛」的構想來自楊純瑜，它其實就是牛肉漢堡熱壓吐司版，如果喜歡美式牛肉堡的朋友，我們一定會推薦你來試試看。熱壓吐司的香脆麵包配上漢堡肉，切面滿滿爆開的餡料，絕對會帶給漢堡饕客們完全不同的感受。

咬開「起司牛」，裡有小黃瓜、番茄、生菜、起司片、乳酪絲、番茄醬與黃芥末醬，完全是美式口味。不過真的美式漢堡小朋友不一定愛吃，因為有洋蔥、生菜的味道；但是「享吐司」的「起司牛」可是大受小朋友歡迎，楊純瑜拿起她最愛的「起司牛」說：「我們先把洋蔥炒到甜甜的，才會放進吐司裡；裡面不放生菜，而是甜甜的高麗菜絲，有時候客人會說：『怎麼不放美生菜？』可是美生菜難吃耶，放那個幹嘛？要好吃才會有一天美好的開始。」

▲ 珍珠奶茶

咕溜的珍珠滑過舌尖、停在齒尖，口中爆滿的戀人般的幸福，就是「珍珠奶茶」熱壓吐司的美妙滋味。「享吐司」的「珍珠奶茶」可不只有簡單的甜，除了老闆姐妹花們特製的珍珠，還放上由紅茶茶葉、鮮奶油和牛奶熬煮的奶茶醬，最後鋪一塊帶點鹹味的起司片，鹹甜兩種不同層次味道相互搭配口感很特別，讓許多珍珠控如此著迷。

楊文青說：「珍珠奶茶口味因為做起來很耗費時間，一天限量 25 至 30 份，晚來就賣光囉。」除了限量的「珍珠奶茶」吐司，還有 4 種甜口味的熱壓吐司，戀愛心情也甜蜜蜜的「巧克力棉花糖」、甜口味第一濃郁的「巧克力香蕉」、綿密牽絲的懷念滋味「花生湯圓」，每一種都能讓早餐變成「最令人期待」的一餐；來吧，起床來吃幸福熱壓吐司。

HB KITCHEN
黑邦廚房

迷人小店混和歐亞風情
創意異國風

跟朋友正要走進一間餐廳，心裡想的是義大利麵，旁邊的人卻想要吃韓式料理？或又想要吃日式料理！是不是很難抉擇。還是把手機拿起來開始滑一滑附近有別的餐廳？來到「黑邦廚房」正是味覺的驚異大奇航，看似義大利麵，卻隱藏了細心的台味、精緻的日本味、香辣韓風，還有歐洲各種奇妙食材大集合，價格卻是便宜又大碗，難怪是三重人「推薦 x3」的必吃美食。

怎麼會叫「黑邦廚房」，難不成……原來是老闆娘領養了兩隻貓，一隻叫黑鼻（Happy），一隻叫邦尼（Bunny），加起來剛好叫黑邦，是貓友開的餐廳。但是餐廳裡沒有真的貓，如果想看到「貓」在餐桌上，可以跟店家訂隱藏版甜點「萌貓慕斯蛋糕」，慕斯蛋糕裡還有冰淇淋在裡面，重點是造型好可愛，捨不得吃呢。

第一次走過「黑邦廚房」前面，可能會完全沒注意到這間隱藏在舊屋群中的小店，但它可是三重饕客心目中必吃餐廳。主廚羅增培說，找老屋來開店，是為了將省下來的房租用在食材上，讓大家能吃到美味、價格合理的料理。

羅主廚之前是上班族，在船務公司上班，不過他有個特殊興趣，在假日時去餐廳打工學習如何做菜，還找了很多書自修。後來學習愈來愈廣泛，他感覺到自己需要去找專業的老師學習。這一路走來許多是靠自己自學，羅主廚說自己在家裡有一百多本料理專業書籍，他前後花了總共 8 年的時間在鑽研專業料理，用各種料理相互創造應用，他的自學精神，可以成為年輕人創業的優良範例。

黑邦廚房

📍 新北市三重區永安北路二段 25 巷 10 號

📞 02-2855-9591

🕐 平日 11:30 ～ 14:30、17:00 ～ 21:00
　　假日 11:30 ～ 21:00

▦ 公休日　週一

◀ 香煎干貝青醬米型麵

如果你是看到「米型麵」而點了「香煎干貝青醬米型麵」，送上桌目光絕不會停留麵上，而是兩顆美國大干貝，還有德國進口圓鰭魚子醬。迷你的紅色與黑色珍珠，在干貝上閃耀著圓潤的光澤，看了令人不敢置信，竟然在一間巷子裡的小餐廳中遇見如此豔麗的義大利米型麵。

在充滿期待的心情下，輕輕用湯匙舀起一點魚子醬、一小塊干貝上，順便帶一點裹滿青醬的米型麵，飽滿帶點酒香的干貝送進嘴裡，淡淡的鹹香魚子醬爆出濃縮的海洋風味，令人覺得吃飯真的是讓人生快樂的事。

三重有許多老饕級食客，第一次在「黑邦廚房」吃青醬就「戀愛」了，比市面上賣的進口罐頭青醬都美味，不禁想問問是如何做出來的呢？舌頭厲害的人會發現，青醬的味道非常的熟悉，一問之下才知道，原來羅主廚使用的是九層塔！羅主廚解釋：「在台灣因為大家對於九層塔的味道接受度比較高，但是要怎麼做才會好吃？就要看廚師功力了。」

香煎透抽紅鯤魚醬義大利麵（隱藏版）▶

大家都知道，不同的季節就會有不同的食材，而且當季的食材最好吃，這一點在「黑邦廚房」裡也可以看到喔。餐廳有時會推出隱藏版料理，就是當主廚拿到了特殊的季節食材，就會想辦法變出的「熟客好康」。這次我們就碰上了透抽的季節，羅主廚端出「香煎透抽紅鯤魚醬義大利麵」以饗饕客。

如果以為這只是偶爾推出的季節料理，那可是會被自己的舌頭打臉，吃了才知道是隱藏很多美味的精緻美饌。羅主廚挑選了最新鮮的透抽，用鹽、胡椒、巴西里等，以及台灣少見的西班牙煙燻辣椒粉，精心混合醃漬一天。醬汁是自己親手做的番茄紅醬，但是味道怎麼這麼複雜？竟是攢聚累積多種食材的隱味，用上蛤蜊、鯤魚、奶油，還有烤透抽後盤底留下的透抽肉汁，包含了這麼多的心思，真讓人再三回味。

◀ 沙朗牛排鬱金香燉飯

　　「鬱金香燉飯！有鬱金香嗎？」其實這裡所謂的鬱金香，指的是薑黃粉。這是在料理界慣用的一種稱呼喔。黑邦廚房的「沙朗牛排鬱金香燉飯」使用的是純正的義大利米，原料的成本較高，但是羅主廚師十分堅持。他認為這樣才能讓客人享受真正的異國風味。

　　薑黃與義大利米一同燉煮，口感Q彈帶有些許南洋風，拌炒鴻喜菇、蒜末、黑橄欖，最後把等級相當高的牛肉，間單用鹽、胡椒抹上下鍋，煎完後加一點酒再進烤箱，7分熟左右起鍋；好吃又沒有澀味，而且這樣複雜的手路菜竟然如此便宜，讓客人大呼值得。

味噌豬五花義大利麵 ▶

　　義大利麵怎麼會有日本風味呢？走進「黑邦廚房」點一份「味噌豬五花義大利麵」，馬上就能體會讓三重人迷戀的創意異國料理。濃郁而鹹淡合宜的味噌醬緊緊包裹在麵條上，還沒咬上豬五花，肉香伴隨柴魚香在腦中形成餓勢力：「吃我、吃我、吃我。」

　　羅主廚解釋迷人香氣的來源：「這是一道和洋風混和的料理，採用純正日本信州味噌來做義大利麵醬，混和特選豬五花、鰹魚醬油、蒜末，最後加一小塊鮮奶油，讓醬汁能依附在麵條上。」愈細心品嘗、愈發現令人驚異的地方，「很像拉麵耶？」羅主廚俏皮地告訴大家：「被發現了嗎？其實靈感的來源就是味噌燒牛培根拉麵，因為我覺得單純用味噌醬太死鹹，所以用許多方式來調和，還有豬五花的油脂吃起來比牛培根更香，請大家品嘗我的創意喔。」

合之屋

老闆創意手作
全台唯一月亮小飩飩

合之屋

📍 台北市三重區永安北路二段 37 號

📞 0989-630-716

🕐 11:00 ～ 14:00；17:00 ～ 21:00

🗓 公休日　週一

　　聽到拉麵，大家腦中浮起一碗湯頭濃鹹的日本拉麵？其實東京的拉麵正在流行清爽湯頭，無論是豚骨、味噌……都有吃完後一陣涼風颯爽吹過舌頭的輕快感。但是要飛到日本東京去吃嗎，現在不用出國，在新北市三重區永安北路 2 段的「合之屋」就能吃到，正統叉燒肉一樣鮮嫩夠味喔。另外這裡還能吃到日本、台灣少見的炸壽司，更有老闆創意手作全台唯一的「月亮小餛飩」，到底是甚麼特殊料理？快跟我們一起「吃遍三重」。

　　一般人在餐廳當學徒學料理，不會離開台灣，合之屋的老闆陳彥合、Ray，卻遠赴澳洲，在日本廚師開設的日式料理店，從最基層學起；只不過服務的對象，從亞洲人變成澳洲人、紐西蘭人。Ray 回想：「我在澳洲、紐西蘭待了三年，等我回到台灣，發現自己的興趣就是料理，就回到三重，把我從日本廚師身上學習的那一套帶回來，用很平價的方式提供給鄉親。」

　　Ray 發現，如果把真正日本口味的拉麵、丼飯之類的餐點帶給台灣朋友，實在太油、太鹹，這裡社區的居民很難接受；於是 Ray 改良為比較清爽的風味，整碗湯可以喝完也不會有負擔的，也正好趕上東京拉麵的清爽風潮；Ray 聳聳肩：「喜歡濃鹹味道朋友，請改點別的餐點吧。」

▲ 月亮小餛飩

「月亮小餛飩」是 Ray 發明的創意小點，用訂製的圓形餛飩皮，包裹花枝漿、九層塔和完整的蝦仁，油炸後酥香四溢，外形如一輪明月，味道也接近泰式月亮蝦餅。「我以前讀餐飲科的時候，就想出這個小點心，因為喜歡吃炸蝦捲，就想把我最愛的味道延伸，那時很想在夜市賣小吃，沒想到現在竟然開店賣拉麵。」

咬開「月亮小餛飩」，一整隻蝦仁就在口中，還有滿滿海鮮甜味與九層塔香，外面點綴的金色醬汁風味獨特。Ray 說：「我加了自己特製的美式酸甜醬汁，用奶油、蒜頭、辣椒調製，用來沾炸物特別搭。這道料理每一個點都是我自己的創意。重點是，吃過的人都說讚，歡迎大家都來試一試。」

◀ 天婦羅炸壽司（鮪魚）

台灣有不少日式料理推出炸壽司，但味道簡單缺乏主角。「合之屋」的「天婦羅炸壽司」，用鮪魚餡料做壽司卷，雖然感覺很簡單，主題性卻十足。外層裹上天婦羅漿再沾麵包粉，酥脆不油膩，而且口感可以維持很久，因為壽司裡是醋飯，可以解膩，多一層米飯的甘甜，就算放涼也頗有風味。

「天婦羅炸壽司」混合了炸飯糰、炸海苔的嗅覺特色，擠上日本美奶茲、照燒醬，飄灑些許柴魚片點綴，吃起來嚼感豐富，有酥、有軟。內餡的鮪魚美奶滋如同小小驚喜，香氣融入米飯中，配上日本酸味的美奶滋，吃起來沒有油炸的嫌膩感，是 Ray 推薦的小菜第一名。

炸雞丼飯 ▶

「炸雞丼飯」是店內很受歡迎的料理，使用去皮去骨雞腿肉，用醬油、香油、味淋醃漬一天，最後沾天婦羅糊下去炸。吃起來鹹鹹甜甜帶有柴魚香氣的醬汁十分下飯，配上酥炸但是口感細嫩的雞腿，混著半熟蛋與甜甜的洋蔥一起咀嚼，幸福感馬上滿分。

炸雞丼看似簡單，但是每一項食材都用得正確並恰到好處，Ray 相當為客人著想：「為什麼我沒有用雞皮？就是因為太油。」米要選壽司米，在煮的時候水不要加太多，讓他粒粒分明，又能吸收醬汁的風味精華，用丼飯醬煮軟洋蔥，放上炸雞再打一個蛋，色香味俱全。

◀ 豚骨拉麵

「合之屋」的「豚骨拉麵」，整體清爽卻充滿豐富層次感，老闆 Ray 在食材用料上相當細心，如果客人只是當作飢餓充腸的隨便一碗麵，那就大大喪失了品嘗的樂趣。

首先在湯頭上，「合之屋」只有味噌拉麵跟豚骨拉麵，但是高湯底是一樣的，都是老闆自己親手熬煮。用大量的雞骨、大骨熬煮到出現奶白色，最後加一些柴魚增添日式風情；如果客人點味噌拉麵，同樣高湯再加赤味噌調味即可。

拉麵碗中的第一女主角，自然是叉燒，叉燒的做法千百種。相較於日本叉燒肉肥肉占比約 2 分之 1，Ray 在選肉之時，就選擇台灣人較能接受、肥瘦適中的部位。整個流程完全按照標準程序，絲毫不差。整片五花肉上砧板，第一步驟要先去皮，去皮後取適當大小切蝴蝶刀，然後捲起來綁繩，將外表煎出香氣後再滷製。Ray 解釋：「叉燒製作的流程相當麻煩，要切要綁要煎要滷要冰，工序按照標準肉吃起來才會很細嫩。滷的時候要加蔬果，這樣肉質才會變軟。」

這碗拉麵中最靈魂的所在，是 Ray 特製的黑芝麻蒜油，這種做法相當接近米其林星級拉麵的概念。先用油去提煉大蒜，讓蒜頭香氣融入油中，但不會有辛辣味，再加一點黑芝麻粉。上桌前淋上少許，芝麻香氣撲鼻，Ray 解釋：「因為湯頭清爽，我想讓拉麵保有多層次芳香，所以放了黑芝麻蒜油，最後加辣醬，這樣味道層層疊疊，味道夠濃卻不死鹹。」

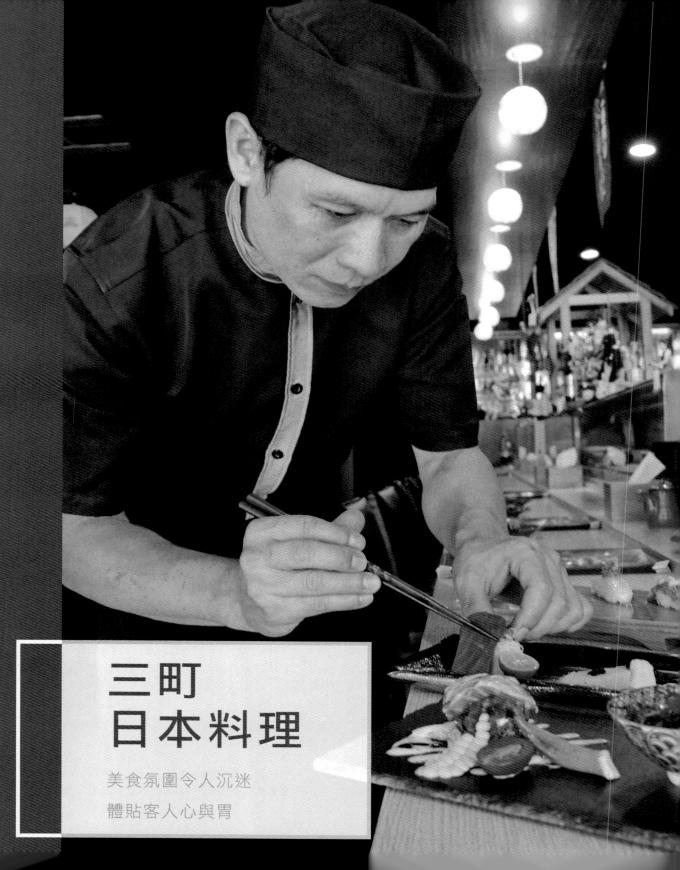

三町
日本料理

美食氛圍令人沉迷

體貼客人心與胃

走進日本料理店，周圍響起：「いらっしゃいませ」（irassyaimase）！生魚片台前面的主廚長相帥氣又善解人意，旁邊服務員笑容可掬……。這樣的畫面就在三重的三町日本料理，在這裡，你可以找到如同實現日劇中的場景，還有原汁原味的壽司、生魚片丼，隨意點幾貫握壽司，剛好一口大小的醋飯上，放上來自五湖四海的海味，米飯與魚肉的甘鮨在舌尖慢慢化開。轉頭看看身邊，坐著松本潤？還是山崎賢人？一切氣氛太讓人沉迷啊。

三町日本料理原本在台北市開業，為什麼要轉到三重呢？因為台北房租太貴，要是反應在價格上，即使用的食材一樣，價格卻要多好幾成。店長柯冠群推薦：「客人想吃日本料理，相同的品質，只是過一座橋到三重來吃，就可以省下很多錢，何樂不為呢？」

價格平易近人，服務卻是最高標準，柯店長說：「我們生魚片台主廚的功力，絕對不是只有做菜而已，還能清楚分辨每一位客人的喜好，無論是第一次進來的過路客，還是有經驗的老饕。」為了要滿足所有前來品嘗美饌的食客，柯店長通常都會在一大早，前往魚市採買十五至二十多種的新鮮海味。為什麼要準備這麼多種？柯店長解釋：「了解客人的喜好是主廚們的責任，第一次來的客人，我們要找出他的喜好，推薦店內最讓他滿意的料理，讓過路客變熟客；如果是老客人，他可能回味上次相同的料理，也可能想要試試上次沒吃過的口味；料理要做不同的變化，讓客人隨時保持新鮮感。」

不僅主廚的服務要向日本最高級餐廳「料亭」

三町日本料理

📍 新北市三重區三和路四段 390 巷 4 號

📞 02-2287-2568

🕐 11:00 ～ 14:30；17:00 ～ 22:00

📅 公休日　無

看齊，食材絕對不馬虎。部分壽司店為了保鮮，會在魚肉上刷塗保鮮劑，味覺較為敏感的客人，會感覺生魚片有藥水味，三町日本料理的魚鮮絕對都是原味不添加保鮮劑，柯店長說：「我們的魚貨在玻璃櫃裡，一定用保鮮膜完整的包覆，以免跟空氣接觸。」

柯店長還透露一些大家不知道的小祕訣：「鮮魚剛送進店裡，其實不能馬上做成生魚片或握壽司，因為最新鮮的魚肉質口感會偏硬、韌，正統日式料理需要做熟成的動作，跟牛肉要熟成的道理是一樣的。」三町日本料理使用鹽巴來進行熟成的動作，一般需要 12 個小時，會根據魚種不同而增減時間。熟成之後可以把魚肉的油脂、不好的雜質逼出來；讓生魚片的油脂分布會更均勻，吃起來口感變得綿密。

◀ 盛合握壽司 12 貫

「盛合握壽司 12 貫」是店裡最受歡迎的餐點，點一盤全部可以把好貨全部掃進肚子裡，像是必吃的高檔握壽司：鮭魚、鮪魚、旗魚、紅甘、干貝……，柯店長說：「基本的一定會有！其他會依照季節變換」，12 貫種類還能依照客人的喜好更換，體貼客人的心，也體貼客人的胃。

其中午仔魚握壽司，是一般壽司店比較少吃到的作法，三町日本料理選用大型午仔魚，取油脂分布均勻的部位做壽司的食材，捏成壽司後會擦一點淡醬油再炙燒，吃起來口感細滑、舌韻甘甜，是店內必定品嘗的品項之一。

柯店長推薦焦糖鮭魚，不管是熟客還是第一次來，只要吃過「一試成主顧」，「焦糖鮭魚味道偏甜，口感上面非常驚豔，我們用鮭魚肚與特調醬油來製作，油脂豐富、入口即化，許多小孩子原本不愛吃握壽司，吃過這一品就愛上了。」

握壽司的調味也十分的獨特，像是每一品握壽司上，都會點綴專屬的佐料，鮪魚會加柚子、魷魚會用海苔醬，還有放凱薩醬、塔塔醬等等。富有創意跟變化，而且隨著季節或者是客人的喜好，還會有所調整，每次來吃都可以有不同的驚喜。其他部分也十分專業，芥末是整枝鮮採山葵現磨的、醋飯是專用壽司醋特調的，媲美星級餐廳。

主廚精選配菜料理 ▶

「主廚精選配菜料理」是套餐中最划算的部分，一共 10 品左右，都是店長依季節、漁獲情況的一時之選「無菜單套餐」。涼拌鯛魚皮、炸廣島牡蠣、炙燒鮭魚、烤午仔魚、多款握壽司、鮪魚蔥花手卷……等等，幾乎將店內最好吃的料理一網打盡。

在夏天，涼拌鯛魚皮十分受到客人喜愛，也是很棒的下酒好菜，不僅完全沒有魚腥味，而且香辣又開胃。柯店長介紹：「取鯛魚魚皮去魚鱗，切片川燙，然後冰鎮，工序必須十分仔細，魚皮上不能殘留任何魚肉與魚鱗。拌上主廚特調的調味料，裡面有香油、辣椒等。」

廣島牡蠣則是與炙燒鮭魚做結合，是店內的創意料理，可以拆開來單吃，也可以合起來吃，口感獨特，上面是塗抹鰻魚醬、凱撒醬。大顆的廣島牡蠣入口甘甜、飽滿的海洋風味，最新鮮的牡蠣不用特別處理，直接吃最爽快。

▲ 鮭魚親子丼

　　「鮭魚親子丼」，特選加拿大的鮭魚卵，卵型大而飽滿多汁，有如海中的時空膠囊。三町日本料理的鮭魚卵，經過主廚多道手續處理，去除死鹹，調製人人喜愛的甘甜風味。鮭魚選用挪威鮭魚背部三角肉的部位，屬於生魚片等級的食材。柯店長介紹：「這部位比較有油脂，吃起來軟嫩，搭配鮭魚卵更好吃。」

花蘿美容養生坊

位於三重安和路，寧靜/舒適/平價，是間超高人氣的小型美容工作室，無推銷環境，來花蘿好好放鬆，綻放身心。

地址：三重區安和路23號
營業時間：18:00-23:00
預約line：@wzx3387u
電話：09-8105-3905

LINE

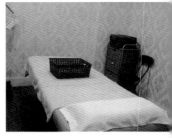

朵妃姿國際美學館

精油SPA體驗**599**！（60分）
眉唇眼精緻訂製半永久定妝**4000**起

· 氛圍寧靜舒適放鬆，啓動您的身心靈之鑰
· 幫助肌膚美顏煥新，快速啓動肌膚修護力
· 身體放鬆舒壓，重現女性美麗腰身與魅力

地址：新北市三重區正義北路210號2樓
營業時間：10:00-20:00
預約電話：(02)2982-3588

LINE

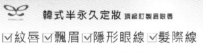
韓式半永久定妝 頂級訂製眉眼唇
☑紋唇 ☑飄眉 ☑隱形眼線 ☑髮際線

打擊黑唇● 無眉尾救星● 天生隱形眼線
金額**4000**起 ●紋繡招生**3000**（含材料）

芳香精油按摩療癒
身、心、靈 平衡
健康

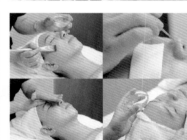

迷鹿找路手作坊
De²R Handmade

迷鹿找路以 天然 I 草本 的概念出發，堅守《愛 I 守護 I 分享》的品牌精神，希望爲喜愛迷鹿找路的朋友們，在生活中持續創造小驚喜。

我們三重人特約店家，持《 我們三重人 》發行之熊卡貼消費享訂購手工皂滿 10 贈 1，歡迎選購。

迷鹿找路手作坊爲網路商店無實體店面，Facebook / Shopee 關鍵字：迷鹿找路。

Facebook

shopee

安進手工皮件工作室

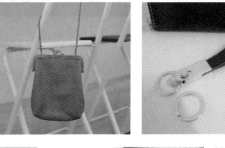

歡皮革天然的紋路、觸感、獨特自
的味道。

用的皮革來自於歐洲，產品的製作，講求每
細節並精心製作，所有作品從設計畫圖、裁
、純手工一針一線縫製而成的作品。

進手工皮件工作室
ail: anjin010116@gmail.com
絡電話: 0918-033-533

Facebook

家源自動門

美了，心情也美了 ！

製鐵件黑色烤漆復古風辦公室大門，搭配自
時打開時是兩扇窗，關起來是四片窗，讓人
覺不出是一道門。

感生活，家源自動門 讓你家大門，與眾不同

原機電工程有限公司 邵家鴻
址：新北市三重區頂崁街210巷49號一樓
幾：09-2258-3767 / 09-5203-8848
話：02-2980-1315

信華窗簾

華窗簾成就你居家夢想
費到府丈量、設計、估價、安裝

營各式窗簾設計施工，以專業的服務為你打
溫馨又舒適的生活空間，精緻的設計是你提
居家環境品質的最佳首選！

業項目：窗簾、調光簾、捲簾、壁紙、活動
門、塑膠地磚、樓梯止滑板

址：三重區忠孝路一段31號1樓
幾：0937-188541 (張先生)
話：02-2971-1726 / 02-2984-5438

Facebook

隆發堂香舖

堅持台灣製造，無香精無添加，不
燙手天然線香與香環，傳承一甲子
的香味。

營業項目:台灣手工線香、香環、小盤香、臥
香、水晶果凍蠟燭、往生紙紮用品、往生壽
生蓮花與龍船、求財神求業績專用金、八大
行業專用金、及寵物金。

地址：新北市三重區三和路二段61號
電話：02-2972-4411
營業時間：8:00-23:00

Facebook

隆發堂香舖(濟公牌扁記)

嚴選台灣各種茗香‧香環‧蠟燭　各類金紙‧財神金‧批發‧零售‧團購

2尺2 手工彩色
往生法船

別的地方買不到的
專門桶財庫補運專用
本店招牌商品

打瓦（ㄅㄨㄚˋ）菜寮

舒適工業風早午餐，位於菜寮站
堅持現點現做，秉持手作的初衷

打瓦(ㄅㄨㄚˋ)菜寮，給你們吃我喜歡的

地址：新北市三重區仁化街9號
電話：02-2979-1658
營業時間：平日08:00-15:00
　　　　　假日08:00-16:00
周二公休　不收服務費

坂
ㄅㄨㄚˋ 菜寮
DAW

Facebook

Instagram

源隆美食館

五星級主廚料理經驗 (乙級證照)

源隆提供各式中式宴席需求，(可客製化設計)
極品美饌，菜色豐富。每桌 NT$5000元起～。
已投保食品責任險，美味 / 安心 / 平價的最佳
選擇!尾牙、春酒、婚宴、廟會、宴客，歡迎
預約訂桌。

預約電話：0910-342-872
預約電話：02-2999-9930

Facebook

鋼品魚翅佛跳牆
每甕1200

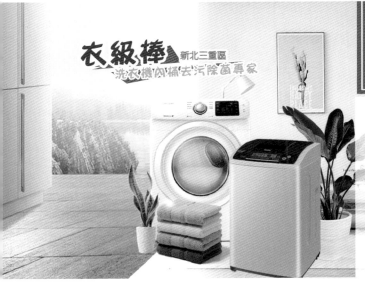

LIEVO
INTERNATIONAL

http://lievo-style.com

台北新光信義A9店法雅客	新北市樹林秀泰4F小書房	台中秀泰文心店5F小書房	新竹巨城LOG ON B1
台北市松壽路9號地下2樓	新北市樹林區樹新路40－6號	台中市南屯區文心南路289號	新竹市東區中央路229號B1

正 點 魔 髮 屋
HAIR DESIGN

沙宣精緻剪髮・日本資生堂燙髮・霧感系染髮
超微米奈米接髮・結構式護髮・深層頭皮護理

02-2976-2290　　正點魔髮屋　　三重區自強路一段四號

集美印前有限公司
Jimei Design Print Co., Ltd.
SINCE 1997

印前堂
yin-chien studio

三重 Sanchong　香港 Hong Kong　同步為您服務

設計　CIS企業識別系統、包裝盒結構設計
各類平面設計、展場各類設計

印刷　名片、DM、型錄、大圖輸出、各類貼紙
、夾鏈袋、收縮膜印刷、書籍、手冊

包裝　包裝盒、物流盒、PET盒、硬盒、圓筒盒
喜餅盒、打洞盒、產品成列紙架

搜尋

jimei.yin.chien
集美印前

☎ +886 2 2975 8701　　📠 +886 2 8972 0678
Taiwan +886 928 274 885　　✉ jimei.yin.chien@gmail.com
China +86 188 1918 0310　　📍 新北市三重區集美街 112 巷 47 號

okokgogogo.com

Vegetation
NATURAL

店面綠化設計 / 室內外植栽保養 / 花藝設計 / 草木花木運送

服務特色

植栽設計從產地直銷,可包含整體溝通,施工和設計一體化,確保服務品質

公司植栽規劃　　　活動花牆製作　　　室內植栽養護

大造花製作　手作花藝設計　店面植栽陳設　手工花圈製作　手作造型苔球設計

足頤健康中心　足頤

健康。天然。紓壓
呵護您的每個需求

(臉/頭/頸/肩/腳/半身/全身) 平價有感。

{草本蒸氣浴+遠紅外線排毒/刮沙/拔罐/臉部保養}

歡迎來|足頤|照顧自己的健康~

附設:專業刮痧拔罐
半身中式經絡舒壓 500元
肩頸中式經脈舒壓 200元
足底按摩+肩頸40分 500元

足頤健康中心　/　預約專線:02-8988-1117 | 地址:三重區慈愛街142號一樓　　f 足頤健康中心

家用/營業用 煤油暖氣機　　**空氣清淨保濕機**　　**[烘焙 研磨 濾煮 三機一體]**　　**生豆烘焙咖啡機**
　　　　　　　　　　　　　　　　　　　　　　　　　　　自動生豆烘焙咖啡機

總代理 / 宏得利貿易有限公司　　TEL / 02-2981-2727　　241新北市三重區三民街175巷26號

永晉藥膳坊

三餐都要健康吃

簡單吃。來永晉輕鬆食補、調養氣血。營養強身

天天都是養生日

電話：02-2976-1281　　　地址：萬全街72號1樓

營業時間：12:00-14:00／17:00-21:00

f 永晉藥膳坊

藥膳世家

佳福雞肉飯

願~耶和華賜福與您

新鮮　健康　美味

小農農場自種菜

佳餚美食迎客至.. 福旺四季如人意

哈囉，大家好　我是夏芬
佳福雞肉飯每日變換新鮮菜色 (不加味精)
讓你吃的健康、吃的營養！
各類便當、雞肉飯、小菜等，選擇豐富，也可以預約合菜客製
及外送喔。

內用飲品免費
打卡按讚送小菜
持熊卡滿百送鮮魚味噌湯
當月壽星九折優惠

佳福雞肉飯 (健康/美味/新鮮)

外送專線：02-2988-1969

地址：三重區重陽路一段105號（近三重稅捐處 /公車站牌)

菜寮站1號出口 (提供愛心待用餐)

長淨冷氣專家

提供居家/店面/公司行號
精緻型冷氣清洗 I 維修 I 安裝服務

服務特色

長淨保護冷氣 保護你
獨家使用"紫外線臭氧殺菌抗霉處理"
讓冷氣更安全，守護你的空氣

服務精緻貼心

使用溫和型清潔劑，施工前防護措施
讓有嬰幼兒的家庭也能安心

洗乾淨的冷氣可以帶來以下的效益

1、提升效能，吹的更冷
2、延長使用壽命，活的更久
3、電量降低，費用更省
4、空氣品質變好，改善過敏情況
5、消除空氣異味，自在舒適

獨家使用"紫外線臭氧殺菌抗霉處理"

粉絲專頁　　LINE　　預約清單　　官方網站　　清潔過程

長淨冷氣專家

聯絡人：楊勇毅
電話：0935331673

地址：三重區三陽路134巷4-1號
服務地區：基隆 新北市 台北市 桃園

蔓達拉 MTL.Spa
SPA美容館

新北市三重區正義北路66號3樓（大樹藥局樓上）
(02) 2988-0388、(02) 2989-1911
0985-727-204
LINE：0985727204
Facebook：@mantala.spa

RELAX

MIND

SPIRIT

以色列純淨死海鹽療

原價 3800　體驗價 1380

最接近地心的死海淨土，又稱「上帝的眼淚」，其廣闊的鹽礦中含有豐富的礦物質和微量元素，可通透細胞膜的代謝效應，調整人體的機能回歸平穩，滋養皮膚、放鬆神經系統、加速廢物排除、淨化身心靈，猶如徜徉深邃柔美的海底，純淨美好。

太古磐石竹棒能量護理

原價 3800　體驗價 1380

太古磐石結合負離子，能將體內的氣血加以運行通暢；能量瓷盤具有的遠紅外線功能，更能將血液裡的水分子經由磁波震盪，提高血液裡的含氧量；取材大自然的黑檀木竹，獨創按摩手法以推、滾、畫圈等深層手技按摩動作，為您釋放壓力鬆開緊繃的肌肉，淡雅沉穩的大地芳香撫慰身心靈。

歐洲皇室溫感精油 SPA 護理

原價 3500　體驗價 1280

以乳油木為基底的歐洲皇室燭精油，是 42℃ 有溫度的精油，不僅身體上的放鬆更是心靈的寄託，在香氛燭光、浮光掠影中，透過芳療師專業的手技，將怡人柔滑如絲、細膩優雅極致的動人元素緩緩注入渴求呵護的每吋肌膚。

法國 MATIS 百年沙龍中心專業護膚各式護理

原價 3800　體驗價 1380

具有法國百年歷史的的專業沙龍中心，秉持從肌膚根本出發，利用卓越科學技術研發，配合感官與芳香療法的沙龍級專業保養品，青春勁力、脆敏修護、無痕水嫩、卓越抗老等系列，聆聽肌膚的需求，給予妳最渴望的法式生活。

【渠成文化】Pretty Life 008

三重心食代

作　　　者	老爺爺與小老婆
企劃統籌	花上雅
圖書策劃	匠心文創
發 行 人	陳錦德
出版總監	柯延婷
內頁設計	邱惠儀
美術協力	王麗惠
內頁攝影	葛惟庸
景點攝影	陳在伸（小巴老師）
延伸影像	游桂源
特別感謝	我們三重人社群、在地數位發展協會
E-mail	cxwc0801@gmail.com
網　　　址	https://www.facebook.com/CXWC0801
總 代 理	旭昇圖書有限公司
地　　　址	新北市中和區中山路二段 352 號 2 樓
電　　　話	02-2245-1480（代表號）
印　　　製	鴻霖印刷傳媒股份有限公司
定　　　價	新台幣 380 元
初版一刷	2019 年 3 月

ISBN 978-986-96927-9-3

國家圖書館出版品預行編目（CIP）資料

三重心食代 / 老爺爺與小老婆、花上雅著. -- 初
版. -- 臺北市 : 匠心文化創意行銷, 2019.03
　　面；　公分
ISBN 978-986-96927-9-3（平裝）

1.旅遊 2.新北市三重區

733.9/103.9/107.6　　　　　　　108001990